KB196137

성공하는 사람들의 에너지 관리법

시간 말고 에너지를 관리하라

성공하는 사람들의 에너지 관리법

시간 말고 에너지를 관리하라

초판 1쇄 인쇄 2025년 2월 10일
초판 1쇄 발행 2025년 2월 28일

지은이 한선영

발행인 백유미 조영석
발행처 (주)라온아시아
주소 서울특별시 서초구 방배로 180 스파크플러스 3F

등록 2016년 7월 5일 제 2016-000141호
전화 070-7600-8230   **팩스** 070-4754-2473

값 19,500원
ISBN 979-11-6958-153-0 (13190)

라온북은 독자 여러분의 소중한 원고를 기다리고 있습니다. (raonbook@raonasia.co.kr)

성공하는 사람들의 에너지 관리법

시간 말고 에너지를 관리하라

한선영 지음

평생 써먹는
9가지 에너지
관리 기술

중요한 건 에너지 사용 밀도다!
시간의 압박에서 자유로워지는 에너지 관리 루틴의 비밀

지금, 당신을 성공으로 이끄는
에너지 프로젝트가 시작된다!

RAON
BOOK

RAON
BOOK

시간을 쪼개면 성공할 줄 알았다

남들은 대학 생활을 즐긴다는 그때, 나는 시간 관리에 미쳐있었다. 중국어를 전혀 모르는 상태로 연세대학교 중어중문학과에 도전해 전액 장학생이 된 비결은 바로 '철저한 시간 관리'였다. 30분 단위로 하루를 쪼개고, 빈틈없이 계획을 세웠다. 새벽반 중국어 학원을 다니고, 점심시간마다 공부하고, 주말에도 관련 대외활동을 하며 쉬지 않았다. 빽빽한 다이어리를 보며 '오늘도 알차게 살았구나' 하는 생각에 뿌듯해했다.

대학 시절부터 쌓아온 시간관리 기술 덕분에, 25살이라는 이른 나이부터 기업과 대학에서 강의하는 시간관리 전문 강사가 되었다. 강사평가에서 내로라하는 전문가들을 제치고 1위를 차지하며, 100회 이상의 강의 및 코칭을 통해 수천 명의 사람들에게 시간 관리의 비법을 전수했다.

"오늘도 열심히 살았는데, 왜 나아지는 게 없을까?"

많은 사람들이 성공의 비결로 '시간 관리'를 꼽는다. 빌 게이츠도 "시간은 돈으로 살 수 없는 유일한 자산"이라 강조했다. 그래서 우리는 플래너를 사고, 시간 관리 앱을 깔고, 각종 테크닉을 시도한다. 하지만 그렇게 열심히 시간을 쪼개도 인생이 크게 달라지지 않는 이유가 있다.

10년 동안 미친 듯이 다이어리를 쓰며 시간 관리를 해온 나는 이제 고백한다. "완벽한 시간 관리가 내 삶을 갉아먹고 있었다"고.

나는 몸이 먼저 보내온 경고 신호를 무시한 채 달렸다. 원인 모를 통증으로 2주간 누워있어야 했던 적도 있었다. 그때 찾은 한의원에서 원장님이 하신 말씀이 아직도 귓가에 생생하다.

"휴대폰을 많이 쓰면 뜨끈뜨끈 달궈지잖아요. 그거랑 마찬가지예요. 배터리가 방전되기 전이라 뜨거운 거지 지금 몸에 에너지가 하나도 없어요. 도대체 어떻게 버티신 거예요?"

그래도 나는 시간 관리만 잘하면 된다고 믿으며 달렸다. 하지만 첫아이 출산 후, 더 이상 이런 방식으로는 살아갈 수 없다는 걸 깨달았다. 아이의 리듬에 맞춰 살아야 했고, 예측 불가능한 상황들이 하루에도 수십 번씩 벌어졌다. 계획대로 되지 않는 일상에 좌절감만 쌓여갔다. 내 시간을 완벽하게 통제하려 할수록 현실은 더욱 멀어져만 갔다.

그제야 알게 되었다. 우리의 자원은 '2차원 평면'이 아닌 '3차원 입체'라는 사실을. 누구에게나 시간은 24시간으로 동일하다. 그래서 학창 시절부터 우리는 동그란 원에 24시간을 빼곡히 채워가며 살아왔다. 이렇게 시간 관리에서는 시간을 얼마나 잘 쪼개 쓰고, 아껴 쓰느냐에 따라 개인의 성과가 달라진다. 이처럼 사람들은 흔히 자신이 가진 자원을 마치 2차원 평면처럼 여긴다.

하지만 우리가 가진 자원은 입체적이다. 각 개인이 가진 실제 자원의 크기가 다른 이유는 '에너지 레벨'이라는 새로운 차원이 있기 때문이다. 에너지 레벨은 마치 평면에 높낮이를 더한 것처럼, 우리 삶에 역동성과 활력을 불어넣는다.

에너지 레벨이 낮은 사람은 아침에 겨우 일어나 커피로 하루를 버티다가, 퇴근 후엔 녹초가 되어 배달 음식과 함께 넷플릭스 보기에 급급하다. 반면 에너지 레벨이 높은 사람은 활기찬 아침을 시작으로, 업무에 몰입하고, 가족과의 시간도 충실히 보내며 삶의 만족도를 높여간다.

지속 가능한 성과의 핵심은 '쪼개 쓰는 시간'이 아닌 '최적화된 에너지'에 있다. 에너지가 충만할 때는 짧은 시간으로도 놀라운 집중력과 창의성을 발휘할 수 있지만, 에너지가 바닥난 상태에서는 아무리 많은 시간을 투자해도 제대로 된 결과를 만들어내기 어렵다.

현재 나는 네 살, 한 살 두 아이를 키우는 워킹맘이다. 시간은 더욱 부족해졌지만, 에너지 관리 전략을 통해 예전보다 더 많은 것을 이뤄내고 있다. 구체적으로는 나만의 에너지 리듬을 파악하고, 에너지를 소모하는 습관은 제거하며, 에너지를 지속적으로 충전하는 방법들을 익혔다. 그 결과 시간 쪼개기에 집착하던 때보다 오히려 더 충만하고 지속가능한 삶을 살게 되었다.

이 책은 당신의 에너지를 혁신적으로 높이는 실천적 가이드가 될 것이다. 잘못된 시간 관리의 함정에서 벗어나는 법(1장)을 시작으로, 당신만의 에너지 패턴을 발견하고(2장), 에너지를 갉아먹는 습관들을 제거하는 법(3장)을 배운다. 더 나아가 에너지 관리의 실천적 비법(4장)과 지속가능한 에너지 관리 시스템(5장)을 구축하고, 궁극적으로는 나눌수록 강해지는 에너지의 법칙(6장)을 통해 당신만의 최상의 삶을 설계하게 될 것이다.

우리에게 진정 필요한 건 시간을 쪼개는 기술이 아닌, 에너지를 높이는 전략이다. 이 책을 통해 당신의 하루가 새로운 차원을 만나게 되길 바란다.

한 선 영

Contents

Chapter.1
잘못된 시간관리 상식부터 버려라

Chapter.2
시간 말고 에너지를 관리하라

Chapter.3
당신을 갉아먹는 에너지 도둑을 잡아라

Chapter.4
에너지를 잘 쓰는 사람들의 1% 비밀

Chapter.5
평생 써먹는 에너지 관리의 기술

Chapter.6
나눌수록 강해지는 궁극의 에너지 법칙

나는 지난 10년 동안 미친 듯이 시간 관리를 하고 깨달았다. 진짜 중요한 건 시간이 아니라 에너지였음을! 우리는 시간이 아니라 에너지가 부족한 것이고, 당신의 성공을 가로막는 장벽 역시 시간이 아니라 에너지다. 이제 주어진 시간을 어떻게 하면 효율적으로 관리할 것인지를 고민하는 시간 관리를 넘어서, 장기적으로 최고의 몰입과 충만한 삶을 누리도록 하는 에너지 관리 전략이 필요한 시점이다.

Chapter.1

잘못된
시간 관리 상식부터
버려라

미친 듯이 시간 관리
10년 하고 깨달은 것

　남들은 대학교에 들어가면 신나게 논다고 하는데, 나는 그때부터 시작이었다. 매주 일주일을 계획하고, 내 시간을 30분 단위로 기록하고 관리했다. 하루를 정리하며 다이어리를 보면 '오늘도 알차게 살았구나' 하는 생각이 들어 뿌듯했다. 이 시기의 나는 '시간 관리'는 누구보다 철저히 하고 있었다.

　새벽 일찍 일어나 1교시 수업 전에 중국어 학원 새벽반에서 공부하고 갔다. 점심시간이나 공강 시간도 허투루 보내지 않고 뭔가 할 일을 만들었다. 다이어리가 항상 빽빽했고 길게 적힌 to-do 리스트를 하나씩 해치우는 게 묘한 쾌감이 있었다. 그날의 할 일을 끝내려고, 식당에서 점심을 사 먹는 시간도 아까워 대충 김밥으로 때운 날도 많았다. 주말 오후에 낮잠이라도 자면,

그날은 시간을 허비한 것만 같아 죄책감을 느낄 정도였다.

그런데 그렇게 열심히, 그리고 바쁘게 살았는데 어느 순간 공허함과 허무함이 파도처럼 밀려왔다. 왜 그런지 이유도 알 수 없었다. 당시 교내에 학생 대상으로 무료 심리 상담을 해주는 프로그램이 있었다. 우연히 포스터를 보고 큰 기대를 하지 않고 상담을 받으러 가 보았다. 상담 선생님은 1시간 동안 내 말을 다 듣더니, 마지막에 딱 한 마디 하셨다.

> "선영 씨는 폭주하는 기관차 같네요. 그런데 정거장에 쉬지
> 도 않고 달리는 바람에 나사가 하나씩 풀리는데도 그걸 모르
> 고 계속 달리고 있는 거 같아요."

이렇게 오랫동안 아주 맹렬히 달리다 보면, 기어를 바꾸거나 브레이크를 밟는 능력을 잃게 된다. 장기적으로 효율성을 높여주는 휴식이나 재충전 시간도 거부하게 된다. 그 결과 과속에만 열중한 나머지 엔진을 끌 수도 멈출 수도 없는 폭주 기관차가 되는 것이다. 나는 그 폭주 기관차가 정말 내 모습 같아서 상담실을 나오자마자 펑펑 울었다. 나는 도대체 뭐 때문에 이렇게 열심히 달렸던 걸까?

당시 나는 어떤 목표가 없으면, 즉 할 일이 없으면 시간을 어떻게 보내야 할지 몰라 초조했다. 그래서 항상 뭔가를 억지로 만

들어냈다. 할 게 없으면 자격증 시험이라도 신청해서 그 시간을 달리면서 보내야 직성이 풀렸다. 안 그러면 너무 불안했다. 이때 나를 움직이던 원동력은 '단기적 성취와 보상'이었던 것 같다.

그런데 내 모습이 '어디로 가고 있는지도 모른 채' 빙글빙글 도는 폭주기관차임을 객관적으로 보게 되니, 뭔가 잘못됐다는 생각이 들었다. 짧은 단기 목표만 쫓아 살던 나였는데, "10년 뒤 나는 어떤 모습일까? 내가 죽으면 어떤 모습으로 기억되고 싶은가? 나는 왜 태어났을까?" 같은 질문을 스스로에게 던지기 시작했다. 나를 움직이던 원동력이 '단기 성취와 보상'에서 '장기적인 목적'으로 이동되는 순간이었다. 이런 질문을 던지는 것만으로도 뭔가 다른 동력이 나를 움직이는 것이 느껴졌다. 내 인생의 목적은 나에게 새로운 에너지를 주었다. 차분히 고민하는 시간에 앞으로의 삶에 대한 불안보다 기대감을 느끼기 시작했다.

그러나 이 시기에도 내 몸과 마음을 돌보는 건 등한시했다. 휴식은 회복의 시간이 아니라 시간 낭비로 느꼈다. 나를 위해 좋은 음식을 정성껏 챙겨 먹는 게 불필요하게 느껴졌고, 간단히 때우고 나머지는 초콜릿과 간식으로 채웠다. 중요한 시험 기간에는 공부하면서 몽쉘 한 박스를 사서 하룻밤에 다 먹어 치우기도 했다. 그렇게 스트레스를 영양가 없는 달달한 음식으로 풀었다. 이후 8년간 시간 관리 강사로 전국의 대학과 기업을 다니며 강의를 했었는데, 대부분 토요일도 쉬지 못하고 일을 해야 했다.

당시 일요일에도 개인 일정으로 빡빡하게 보내다 보니, 일주일 중 온전히 쉬는 날이 하루도 없었다.

그렇게 지내다 보니, 몸이 망가지기 시작했다. 한 번은 원인도 알 수 없는 병명으로 회사도 못 간 채 2주 정도 누워서 보내기도 했다. 혼자서는 음식을 먹을 수도 없어서, 남편이 올 때까지 울면서 기다렸다. 이후에 한의원에 가서 맥을 짚는데, 원장님께서 내 몸이 너무 차다고 하셨다. 평소 얼굴이나 몸에 열이 많다고 느껴왔던 터라 "아니에요~, 저 몸에 열 많아요. 얼굴도 자주 빨갛게 상기되는걸요"라고 말했더니, 원장님께서 이렇게 말씀하셨다.

"휴대폰을 많이 쓰면 뜨끈뜨끈 달궈지잖아요. 그거랑 마찬가지예요. 배터리가 방전되기 전이라 뜨거운 거지 지금 몸에 에너지가 하나도 없어요. 도대체 어떻게 버티신 거예요?"

방전 직전의 배터리는 언제 어떻게 터질지 모른다. 이렇게 바쁘게 질주해서 어디로 가고 있는 것이며, 누구를 위해 그렇게 빠름을 좇았는지 곰곰이 생각해 보았다. 그러나 한 번 바닥까지 떨어진 에너지는 쉽게 올라오지 않았다. 생각과 행동 모두 변화가 필요했다. 우선 나는 시간을 관리해야겠다는 집착부터 내려놓았다. 대신 '시간' 말고 나의 '에너지'에 집중하기 시작했다. 매일 내 몸의 소리에 집중하고, 그 리듬에 따라 살기 시작했다.

나는 에너지를 끌어올리기 위해 아주 작은 것들을 바꿔보기 시작했다. 작은 실천들이 마음가짐을 바꾸고, 이런 변화가 쌓이다 보니 의욕이 생기고 밝아졌다. 그리고 놀랍게도 빼곡하게 시간 관리를 했을 때보다 나의 에너지에 집중했을 때 오히려 효율이 높아졌다. 아무리 시간의 양을 늘려도 제대로 되지 않던 일들은 에너지 효율이 가장 높은 시간에 하니 금방 해낼 수 있었다.

불필요하게 만들어낸 일들에서 벗어나, 내가 진짜 하고 싶었던 일에 시간을 투자할 수 있게 되었다. 자투리 시간도 활용해야 한다는 압박감에서 벗어나, 제대로 쉬고 회복하는 법도 배웠다. 예전에는 요리도 싫어했는데, 지금은 우리 가족의 에너지를 높여 줄 건강한 음식을 만드는 시간이 행복하다. 지금은 어린아이가 둘인데도 혼자였을 때보다 훨씬 편안하고 활력 있는 삶을 보내고 있다.

나는 지난 10년 동안 미친 듯이 시간 관리를 하고 깨달았다. 진짜 중요한 건 시간이 아니라 에너지였음을! 우리는 시간이 아니라 에너지가 부족한 것이고, 당신의 성공을 가로막는 장벽 역시 시간이 아니라 에너지다. 이제 주어진 시간을 어떻게 하면 효율적으로 관리할 것인지를 고민하는 시간 관리를 넘어서, 장기적으로 최고의 몰입과 충만한 삶을 누리도록 하는 에너지 관리 전략이 필요한 시점이다.

다음 챕터부터 그동안 잘못 알고 있었던 시간 관리 상식부터 바로 잡아보자. 당신이 만약 아무리 시간 관리를 배워도 인생이 달라지지 않았다면, 다음 챕터에서 그 이유를 알게 될 것이다.

LOW   HIGH

'바쁜 것 = 생산성'이라는
대한민국 '열심' 문화

　내 다이어리에는 항상 빈틈이 없었다. 시간을 꽉꽉 빈틈없이 채우면 뭔가 잘 살고 있다고 느꼈다. 내 다이어리는 펼치면 일주일이 한눈에 보이는 구조였다. 그 한 주의 비어 있는 시간을 나는 참 부지런히 채웠다. 사실 비어 있는 시간을 참을 수 없었다는 표현이 더 정확하다. 시간이 비어 있으면 불안했다. 뭔가를 해야 한다고 생각했고, 기어이 무슨 일이라도 만들어 채워 넣었다. 바쁘긴 한데 어디로 가고 있는지는 모르는, 그야말로 다람쥐 쳇바퀴 돌 듯 부지런히 움직이지만, 의미 있는 전진은 없는 시간을 보내기도 했다.

　생각해 보면 바쁘게 스스로를 휘몰아치며 잘 살고 있다고 위안만 얻을 뿐, 내 인생에 진정한 만족감과 행복에 대해서는 깊이 고민하지 않았던 거 같다. 끊임없이 새로운 성과를 내는 데 몰두했고, 더 열심히 일하면 행복해질 수 있다고 믿었다. 그러나 장기적으로 내가 어떤 사람이 되고 싶은지, 지금 하고 있는 일이 그 꿈과 어떻게 연결되는지에 대해 충분히 생각하고 성찰하는 시간은 부족했다. 안정된 수입을 유지했지만, 삶이 정체된 느낌이었고 삶에 대한 열정과 만족감도 점점 줄어들었다.

"바쁜 것은 곧 생산적인 것이다."

많은 사람들이 이렇게 믿으며 살아간다. 우리는 효율적으로 시간을 활용하고 있다는 만족감을 느끼기 위해 일정을 가득 채운다. 현대 사회에서는 바쁘게 움직이는 것이 마치 성공의 전제조건처럼 여겨진다. 그러나 바쁨은 때로는 자기 삶의 주도권을 잃게 만드는 함정이 되기도 한다. 이는 마치 중요한 항로를 설정하지 않고, 배를 아무 방향으로나 움직이는 것과 같다.

효율성의 함정

빽빽한 일정 속에서 우리의 삶은 목적 없이 흘러가기 쉽다. 이는 마치 물이 넘칠 정도로 가득 찬 컵처럼, 새로운 것을 받아들일 공간이 없게 만드는 결과를 초래한다. 일정표를 가득 채우는 행위는 주어진 시간 동안 무엇인가를 하고 있다는 만족감을 줄 수 있지만, 실제로는 그 활동이 중요한지에 대한 질문을 생략하게 만들기도 한다. 경영학의 아버지라 불리는 피터 드러커는

"가장 위험한 것은 효율적으로 해서는 안 되는 일을 효율적으로 하는 것"이라고 말했다.

우리의 삶은 제한된 시간으로 이루어져 있다. 따라서 시간을 어떻게 사용하는지가 우리의 삶을 결정한다. 무작정 바쁘게 사는 삶은 방향성을 잃고 표류하게 만들 수 있다. 피터 드러커가 강조했듯이, 진정으로 중요한 일을 선택해 집중하는 것이야말로 생산적인 삶의 핵심이다.

팀 페리스는 그의 책 《나는 4시간만 일한다》에서 "바쁨은 게으름의 또 다른 형태"라고 말했다. '바쁨'은 중요하지 않은 일을 하면서 시간을 보내는 데서 비롯되며, 이는 의사결정을 미루고 중요한 도전을 회피하려는 심리에서 기인한다고 본 것이다. 그는 사람들이 생산적인 활동과 단순히 바쁜 상태를 혼동하는 경우가 많다고 했는데, 효율적으로 일한다고 생각하며 하루를 꽉 채우는 대부분의 일이 사실상 중요하지 않은 경우가 많기 때문이다. 그는 '게으름'을 단순히 아무것도 하지 않는 상태가 아니라 삶에서 가장 중요한 문제를 회피하는 행동으로 정의하면서, 바쁨과 게으름을 동일한 것으로 보았다. 즉, 바쁘게 일하며 겉으로는 열심히 살고 있는 것처럼 보이지만, 실상은 진정으로 가치 있는 문제를 직면하지 않는다는 점에서 바쁜 것이 곧 게으른 것이라고 한 것이다.

바쁜 시간 대신 '비어 있는' 시간

무턱대고 시간마다 일정을 끼워 넣기 전에, 왜 그 일을 해야 하는지 스스로 질문할 시간이 필요하다. 따라서 우리에게 우선적으로 필요한 것은 시간 단위로 꽉 채워진 빽빽한 플래너가 아니라 '비어 있는' 시간이다. 빈 시간을 만드는 행위는 우리가 어떤 일을 할 것인가를 결정하기 전에 왜 그 일을 해야 하는지에 대한 답을 찾는 과정이다. 자신만의 기준과 철학은 이런 누적된 시간에서만 생길 수 있다.

꽉 찬 일정은 만족감을 줄 수 있지만, 그 안에 중요한 질문과 선택의 과정이 없다면 이는 단순한 에너지 낭비에 불과하다. 진정한 생산성은 자신만의 기준을 세우고, 이에 따라 필수적인 것에 집중할 때 비로소 발휘된다. 세계적인 투자자 워런 버핏은 자신의 성공 비결을 묻는 질문에 이렇게 답했다.

"내가 아니라고 말하는 것들 덕분에 여기까지 올 수 있었습니다. (I said no to a lot of things to get here)"

버핏은 자신의 일정이 주로 비어 있으며, 매일 중요한 결정을 내리는 데 집중한다고 언급했다. 그의 캘린더는 종종 몇 개의 약속으로만 채워져 있었는데, 이는 중요한 선택을 신중하게 내릴 수 있는 시간을 보장하기 위해서였다.

과거 경제학자 존 메이너드 케인스는 미래의 인간은 생산성이 향상됨에 따라 일을 줄이고 더 많은 자유 시간을 가지게 될 것이라고 예견했다.* 하지만 현실은 오히려 그 반대로, 점점 더 바쁘게 살아가는 모습으로 흘러가고 있다. 이는 우리가 시간 관리의 본질적 의미를 간과했기 때문이며, 시간을 단순히 채우는 데 급급하고 정작 중요한 선택의 기준을 세우지 못했기 때문이다. 중요한 것은 채워진 시간의 양이 아니라, 그 시간의 질이다.

결국, 중요한 것은 '얼마나 많은 일을 해냈는가'가 아니라, '얼마나 가치 있는 선택을 했는가'이다. 현대인의 역설은 바쁘게 움직이면서도 진정으로 중요한 것을 놓치는 데 있다. 바쁜 것과 생산성은 동일한 개념이 아니다. 지금 만약 아주 바쁘게 살고 있다면 오히려 생산적이지 못한 삶을 살고 있을 확률이 높다. 진짜 중요한 것이 아니라 덜 중요한 것에 시간과 에너지를 많이 빼앗기고 있는 건 아닌지 스스로를 돌아볼 필요가 있다.

지금 당신의 일정은 진정으로 가치 있는 일들로 채워져 있는가? 아니면 단순히 바쁘기만 한가? 당신의 플래너를 다시 한번 들여다보자. 그 안에 당신이 진정 중요하다고 생각하는 일이 얼마나 담겨 있는가? 나 또한 이 질문을 던지며 내 다이어리를 완전히 새로운 관점으로 보았고, 진짜 중요한 것에 쏟은 시간이 놀

---

* Keynes, John Maynard., 《Economic Possibilities for our Grandchildren》, Palgrave Macmillan, 1930.

랍도록 적다는 것을 깨달았다. 만약 당신도 나와 똑같은 생각을
했다면 이제는 기존의 표면적인 시간 관리에서 벗어나 더 중요
하고 본질적인 방식으로 우리의 인생을 관리할 때이다.

LOW   HIGH

To-Do List의
함정

(인생을 파워 J로만 살 때 벌어지는 일)

시간 관리를 한다고 스케줄러를 쓰기 시작할 때 가장 많이 빠지는 오류는 바로 'To-Do 리스트의 함정'이다. 빼곡하게 적힌 할일 목록들을 많이 처리하면 오늘 하루 열심히 살았다는 착각에 빠지기 쉽다. 그러나 중요한 결과를 만들어내지 못하는 바쁜 일상은, 조금 극단적으로 말하자면 시간 낭비일 뿐이다. 우리는 자주 할 일 목록을 처리하는 데 먼저 집중하려는 유혹을 느낀다. 할 일 목록을 지우는 것에서 오는 만족감은 마치 어떤 성취를 이루어낸 듯한 착각을 불러일으키기 때문이다. 그러나 우리가 매일, 혹은 매주 얼마나 많은 것을 끝냈는지가 성공의 기준은 아니다. 많은 To-Do를 지웠다고 해서 목표에 가까이 가는 것도 아니다. 진짜 중요한 것은 그 일이 핵심 목표에 다다를 수 있는 'Key

Action'이었느냐는 점이다.

할 일 목록은 뇌에 인위적인 성취감을 준다. 심리학적으로 볼 때, 인간은 미완료 상태를 불편하게 여기는 경향이 있다. 이 때문에 작은 일이라도 완료했을 때 뇌는 보상을 느끼게 된다. 하지만 이 보상은 허울뿐이다. 실질적으로는 아무런 의미가 없는 일이라도, 그저 목록에서 삭제하는 행위만으로 뇌는 스스로를 속인다. 이 과정에서 우리는 진정한 성취를 위한 시간과 에너지를 빼앗기게 된다.

할 일 목록이 너무 길면 사람들은 종종 쉬운 일부터 처리하려는 경향이 있다. 이른바 '작은 승리'를 쌓아 올리려는 전략이다. 그러나 이 과정에서 우선순위는 왜곡된다. 본질적으로 중요한 일은 대개 복잡하고 시간이 오래 걸리며, 즉각적인 성과를 제공하지 않는다. 반면, 덜 중요한 일은 쉽고 빠르게 처리할 수 있어 즉각적인 보상을 준다. 이러한 보상 구조는 단기적 만족을 추구하도록 유도한다. 결과적으로, 중요한 프로젝트나 장기적 목표는 계속 미뤄지며, 결국 달성되지 못하는 경우가 많다.

할 일 목록의 심리적 유혹에 빠지지 않으려면, '숫자'보다는 '가치'로 시간을 평가할 수 있어야 한다. 오늘 몇 가지 일을 처리했는지, 메일 몇 통을 보냈는지, 얼마나 많은 보고서를 작성했는지가 대표적인 '숫자' 기반 사고이다. 그러나 이러한 숫자는 질적인 시간의 가치를 제대로 평가할 수 없다. 가치란 결과물의 질,

장기적 영향력, 그리고 그 일이 본래 목표와 얼마나 맞닿아 있는지로 평가된다. 단순히 많은 일을 했다고 해서 우리의 삶이나 일이 근본적으로 나아지는 것은 아니다. 오히려 중요하지 않은 일들에 몰두하는 동안 정작 중요한 일들이 뒷전으로 밀리는 경우가 흔하다.

엉뚱한 일에 시간을 쓰는 것은 단순히 그 순간의 손실에 그치지 않는다. 시간을 잘못 사용하면 기회비용이 발생한다. 하나의 일을 선택함으로써 다른 선택지를 포기하게 되는 것이다. 중요하지 않은 일들을 반복적으로 처리하다 보면 더 나은 결과를 낼수 있는 기회를 영영 잃게 된다. 이러한 패턴은 장기적으로 큰 손실로 이어진다. 개인의 성장이나 커리어의 발전은 중요하고 의미 있는 일들을 지속적으로 해내는 과정에서 이루어진다. 그러나 할 일 목록에만 집중하다 보면 우리는 이를 놓치기 쉽다.

할 일 목록은 종종 우리를 본질에서 멀어지게 한다. To-Do 리스트에 지나치게 집중하다 보면 목표보다는 목록 자체가 우선이되는 역설적인 상황이 발생한다. 오늘의 할 일이 진짜 내가 이루고자 하는 목표에 필수적인 일인지 사고하고 평가하는 대신 할 일 목록을 지우는 것에만 집중하면 우리의 행동은 본래 의도했던 목표와 점점 멀어진다. 예를 들어, 더 나은 제품을 만들겠다는 목표를 가진 사람이 하루 종일 이메일을 처리하고 회의를 반복하다 보면, 정작 제품 개발에는 시간을 쓰지 못하는 상황이 벌어진다. 그러나 스스로는 열심히 하고 있다고 착각하는 치명적인 오류에 빠진다.

이처럼 To-Do 리스트는 성과가 나지 않아도 열심히 일하고 있다는 자기합리화의 도구로 사용된다. 매일의 할 일을 성실하게 해냈다는 사실은 마치 자신이 책임을 다한 것처럼 착각하게 만든다. 그러나 '열심히' 무언가를 한다고 해서 실제로 가치 있는 일을 했다는 뜻은 아니다. 오히려 장기적 목표에 대한 책임을 회피하는 수단이 되기도 한다. 예를 들어, 경영자가 매출 증대를 위한 전략을 고민하는 대신 소소한 행정 업무를 처리하는 데 몰두한다면, 그는 본래의 책임을 회피하고 있는 것이다. 이처럼 To-Do 리스트를 잘못 활용하면 우리의 집중력이 분산되고, 중요한 일에 대한 책임을 흐리게 한다. 이 때문에 본질적인 목표를 잊은 채, 할 일 목록에 얽매이는 것은 개인적, 조직적 비효율을 초래한다.

할 일 목록의 함정에서 벗어나기 위해서는 가치 중심의 접근 방식이 필요하다. 단순히 완료된 업무의 숫자가 아닌, 그것이 창출하는 결과와 장기적인 영향에 초점을 맞추는 것이다. 시간은 한정된 자원이며, 이를 잘못된 방식으로 소모하면 돌이킬 수 없는 손실을 초래한다. 우리는 매일의 업무 속에서 무엇이 가장 중요한지를 명확히 이해하고, 그것에 자원을 집중해야 한다.

오늘부터 무턱대고 To-Do 리스트를 많이 지우는 데 시간과 에너지를 집중하지 말자. 지워진 To-Do 리스트를 보며 만족하고 있다면 스스로를 한 번 되돌아봐야 한다. 오히려 한 발자국 뒤로 물러서서 이 중에 무엇을 하지 말아야 할지, 그리고 핵심 목표를 이루기 위한 'Key Action'은 무엇일지 생각하고 피드백하는 시간을 가지자. 성과를 만드는 핵심 행동은 사실 아주 중요한 한두 가지에서 나온다. 이를 회피하며 다른 십여 가지 일들을 해치운다고 해서 대단한 변화를 만들어낼 수 없다. 하지만 많은 사람들이 목표와는 먼 To-Do 리스트를 해치우면서 성공을 기대한다.

결국, 중요한 것은 '할 일 목록을 얼마나 잘 해치웠느냐'가 아니라, '오늘의 할 일이 나의 핵심 목표와 얼마나 일치하느냐'이다. 우리는 매일 바쁘게 살지만, 바쁨 자체가 우리의 성공을 보장하지 않는다. 가치 중심의 접근 방식은 결국 우리가 진정으로 의미 있는 일에 몰두할 수 있도록 돕는다. 삶에서 중요한 것은 얼마나 많은 일을 했는지가 아니라, 얼마나 방향성에 맞는 활동을 했는가다. 할 일 목록은 도구에 불과하다. 도구에 끌려다니는 대신, 도구를 목적에 맞게 사용하는 것이 우리의 시간을 가장 현명하게 활용하는 길이다. 이를 통해 우리는 단순한 바쁨에서 벗어나 더 큰 성취와 만족감을 누릴 수 있다.

계획만 세우다 끝난
당신에게 필요한 건 '결정력'

시간 관리를 배우고자 하는 사람들은 흔히 '계획'에 집착한다. 매일의 일정을 빼곡히 채우고, 할 일을 꼼꼼히 정리하며, 자신만의 완벽한 시간표를 만들어낸다. 계획을 세우는 동안에는 모든 것이 완벽하게 흘러갈 것 같은 기대감도 느낀다. 하지만 현실은 계획대로 움직이지 않는다. 계획은 어디까지나 도구일 뿐이다. 그것이 삶의 목표가 되어서는 안 된다. 하지만 많은 사람들이 계획을 지키는 것 자체를 목표로 삼고, 정작 중요한 것들을 놓치는 오류를 범한다.

계획 중심 시간 관리에서 자주 발생하는 문제 중 하나는 계획 작성에 과도한 시간을 들이는 것이다. 계획을 꼼꼼하게 세우는 것은 중요한 과정이지만, 세부 사항에 지나치게 집중하다 보면 계획 자체에 몰입하게 되어 실행으로 이어지는 동력과 속도가 약화될 수 있다. 특히 세세한 항목들을 일일이 정리하고 조정하느라 너무 많은 시간을 투자하면, 실제 행동에 필요한 에너지와 집중력을 분산시키는 결과를 낳는다.

예를 들어, 프로젝트를 시작하기 전에 모든 가능성을 대비한 세밀한 일정표를 작성하고 수정하는 데 많은 시간을 소비하다 보면, 정작 계획을 실행할 단계에서 상황이 이미 변화하거나 우선순위가 바뀌었을 때 이를 반영하지 못할 가능성이 커진다. 이러한 접근은 실행의 효율성을 떨어뜨리고, 계획을 현실에 맞춰 조정할 시간과 여유를 잃게 만들어 결국 목표 달성에 방해가 될 수 있다. 계획은 실행을 위한 준비 단계이지, 그 자체가 끝이 아니라는 점을 잊지 않는 것이 중요하다.

계획 중심 시간 관리의 또 다른 문제는 계획 자체가 목표가 되어버리는 경우다. 계획은 원래 목표를 달성하기 위한 도구이지만, 계획을 세운 대로 지키는 것에 집착하다 보면 본래의 우선순위를 잃고 유연성을 잃게 된다. 이런 상황에서는 계획을 지키는 것이 중요한 일을 해결하는 것보다 더 큰 목표처럼 느껴질 수 있다. 예를 들어, 예상치 못한 중요한 일이 발생했음에도 불구하고 기존 계획에 얽매여 우선순위가 낮은 작업을 그대로 이어가는 경우를 생각해 보자. 이러한 태도는 상황 변화에 적절히 대응하지 못하고, 오히려 효율성을 떨어뜨리는 결과를 초래할 수 있다.

계획은 어디까지나 상황에 따라 수정 가능한 지침이어야 하며, 필요할 때 과감히 재조정할 수 있는 유연한 사고가 필요하다.

또 한 가지 흔히 발생하는 문제는 계획과 현실 간의 괴리다. 계획을 세울 때 지나치게 이상적이고 완벽한 결과를 염두에 두면, 정작 현실적인 실행 가능성을 놓치는 경우가 많다. 이렇게 비현실적인 계획은 지키기 어려울 뿐 아니라, 실패했을 때 큰 좌절감을 안겨준다. 이러한 경험이 반복되면 계획에 대한 신뢰가 떨어지고, 나아가 시간 관리 자체에 대한 동기를 잃게 되는 악순환에 빠질 수 있다.

예를 들어, 하루에 해야 할 일을 지나치게 많이 포함시키는 경우를 생각해 보자. 계획 단계에서는 모든 작업이 충분히 가능해 보일 수 있지만, 막상 하루가 끝났을 때 몇 가지 중요한 일조차 끝내지 못하게 된다면 어떨까? 이는 계획의 실패로 인식되고, 자신감 저하와 더불어 시간 관리에 대한 부담감을 가중시킨다. 따라서 계획을 세울 때는 현실적인 시간과 에너지를 고려해 적절한 균형을 맞추는 것이 중요하다.

계획을 지키지 못했을 때 느끼는 죄책감이나 무력감은 또 다른 실패를 반복하게 만들며, 이는 결국 "나는 왜 이렇게 실행력이 없을까"라는 좌절로 이어진다. 결국, 계획이 실행력을 높이는 도구가 아니라, 우리의 행동을 제약하는 틀이 되어버린다. 매일의 스케줄은 빼곡하지만, 정작 자신이 무엇을 위해 시간을 쓰고 있는지 모른 채 하루를 끝내게 된다. 결과적으로 '바쁜 하루를 보냈다'라는 느낌은 남지만, 성취감이나 만족감은 없다.

계획만 세우다 지친 당신에게 필요한 것은 더 나은 계획이 아니라, 더 나은 결정이다. 계획을 완벽하게 지키려는 강박에서 벗어나, 중요한 순간에 올바른 선택을 내릴 수 있는 결정력을 키워라. 결정력이란 단순히 "무엇을 할 것인가"를 선택하는 것을 넘어, "무엇을 하지 않을 것인가"를 분명히 하는 능력이다. 어떤 시간에 어떤 일을 할 것인지, 무엇을 하고 무엇을 하지 않을 것인지, 그리고 어디를 향해 달려갈 것인지를 스스로 선택하라. 시간 관리는 단순히 시간을 채우는 것이 아니라, 시간을 가치 있게 만드는 선택이다. 우리는 누구나 제한된 시간과 에너지를 가지고 있다. 모든 일을 다 할 수 없다는 현실을 받아들이는 순간, 결정을 내리는 능력은 우리의 성공을 좌우하는 가장 중요한 요소가 된다.

이제 계획보다 중요한 '결정력'에 집중하라. 시간 관리는 단순히 계획을 세우는 것이 아니라, 매 순간 무엇을 선택할 것인지 결정하는 과정이다. 하루를 어떤 방향으로 사용할지, 지금 이 순간 어떤 일을 해야 할지, 그리고 무엇을 하지 않을지를 정하는 것이 핵심이다. 계획은 우리가 가고자 하는 방향을 설정하는 데 도움을 줄 수 있다. 하지만 진짜 중요한 것은 그 계획에 얽매이지 않고, 변화하는 상황 속에서 최선의 결정을 내리는 능력이다.

잘못된 계획을 완벽히 지키는 것보다, 적절한 순간에 방향을 전환하고 중요한 일에 집중할 줄 아는 것이 훨씬 더 큰 성과를 가져온다.

계획을 세우는 데 지나치게 시간을 쓰기보다는 방향성을 점검하는 데 시간을 투자하자. 계획을 세울 때 가장 큰 오류는 모든 일을 일정에 끼워 넣으려는 시도다. 하지만 이렇게 시간을 빽빽하게 채우다 보면 자칫 방향성을 잃은 채 달리는 것에만 정신이 팔릴 수 있다. 우리는 '계획을 지키는 것' 자체를 목표로 삼기보다는, 계획이 가리키는 방향이 내가 진정으로 가고자 하는 곳과 일치하는지를 점검해야 한다. 방향성이란 나의 장기적 목표와 삶의 우선순위를 의미한다. 계획은 매일 바뀔 수 있지만, 방향성은 흔들리지 않는 기준이 되어야 한다. 예를 들어, 진정으로 원하는 목표가 건강한 삶이라면, 매일 일정에 운동을 포함시키는 결정이 필요하다. 만약 목표가 커리어 발전이라면, 그 방향성에 맞게 시간을 배분하고, 집중해야 할 업무를 선택해야 한다.

결국, 시간 관리란 무엇을 할 것인지, 무엇을 하지 않을 것인지, 그리고 언제 할 것인지를 끊임없이 선택하는 과정이다. 계획에 얽매이기보다는 상황에 따라 올바른 결정을 내리는 능력을 기르는 것이야말로 진정한 시간 관리의 핵심이다. 계획은 도구일 뿐이며, 실행을 보조하기 위한 수단이다. 따라서 계획이 지나치게 복잡하거나, 지키는 것 자체가 목적이 되지 않도록 주의해야 한다. 오늘부터는 완벽한 계획을 세우려는 강박을 내려놓고, 올바른 선택을 하는 데 에너지를 집중해보자.

아무것도 하지 않는
시간이 필요하다

현대 사회에서 많은 사람들은 시간을 낭비하는 것에 지나치게 예민하다. 이들은 빈 시간을 생산적인 활동으로 채우지 못하면 불안감을 느끼며, 심지어 아무것도 하지 않는 시간을 '쓸모없는 시간'으로 간주하기도 한다. 이들은 끊임없이 생산적인 일을 해야 한다는 압박감 속에서 살아가며, 스스로를 "게으르다"거나 "노력하지 않는다."고 비난하기도 한다. 사실 나 또한 잠시도 쉴 여유를 갖지 않고 스스로를 채찍질하던 사람이었다. 쉬어야 하는 순간에도 '쓸모없는 시간'을 두려워하며 불필요한 활동으로 나를 채웠다. 그야말로 '효율성'이란 덫에 갇혀 있었던 삶이었다.

효율성은 중요한 목표를 달성하는 데 필요한 핵심 요소다. 그러나 효율성에 지나치게 집착하면, 우리는 지속 가능한 삶의 리들을 잃게 된다. 모든 시간을 꽉 채우려는 강박은 우리를 지치게 만들며, 몸과 마음이 재충전할 기회를 빼앗는다. 이런 삶의 방식은 단기간에는 효과적일 수 있지만, 장기적으로는 우리의 에너지를 고갈시킨다. 더 큰 문제는 이런 고갈 상태가 계속되면, 결국 효율성을 유지하려던 목표조차 이루지 못하게 된다는 점이다. 효율성에 집착하는 것이 오히려 효율성을 떨어뜨리는 역설적 결과를 낳는 것이다.

효율성보다 중요한 것은 지속 가능성이다. 이는 하루하루를 살아가며 우리의 에너지와 생산성을 균형 있게 유지하는 것이다. 지속 가능한 시간 관리는 모든 순간을 최대한 활용하려 하기보다, 자신만의 자연스러운 리듬을 찾고 유지하는 데 초점을 맞춘다. 우리는 매 순간을 가치 있는 활동으로 채우는 것을 미덕으로 여기며, '시간 낭비'라는 말을 듣는 것을 두려워한다. 그러나 모든 시간을 생산적인 활동에만 사용하려는 태도는 우리의 몸과 마음에 과도한 압박을 준다. 우리가 시간을 비워두거나 멍하게 보내는 것은 비생산적으로 보일지라도, 이는 창의성과 심리적 회복의 중요한 원천이 될 수 있다.

분명히 현대인들이 경험하는 시간 낭비 중에는 진짜로 해로울 수 있는 요소들도 있다. 과도한 SNS 사용, 무분별한 온라인 쇼핑, 목적 없이 영상을 계속 시청하는 행위는 삶의 질을 떨어뜨릴 수 있다. 이런 활동들은 뇌를 과도하게 자극하며, 휴식을 주기보다는 피로감을 더한다. 하지만 비워두는 시간을 이런 활동들과 동일시하며 시간 낭비로 치부하는 것은 큰 오해다. 진정한 시간 낭비는 아무 생각 없이 시간을 소모하는 행위라면, 비워두는 시간은 오히려 우리의 뇌와 마음이 회복하고 충전하는 과정이다. 비움의 시간 동안 우리는 우리 자신과 대화를 나누고, 감정을 정리하며, 삶의 방향을 재조정한다. 이 차이를 이해하지 못한 채 모든 비워둔 시간을 무조건 '낭비'라고 간주하면, 우리는 삶의 중요한 균형을 잃게 된다.

아무것도 하지 않는 시간이 필요하다

우리는 빈 시간을 활용하는 방법을 배워야 한다. 이는 단순히 무언가를 '하는' 것이 아니라, 아무것도 하지 않으면서도 우리의 뇌와 마음을 회복할 수 있는 시간을 만드는 것이다. 이를테면, 스마트폰 없이 산책하거나 명상에 잠기거나, 창밖을 바라보며 생각 없이 시간을 보내는 것도 충분히 의미 있는 행동이다.

많은 사람들이 '아무것도 하지 않는 시간'을 게으름이나 비효율로 간주하지만, 과학적으로 우리의 뇌는 '아무것도 하지 않을 때' 오히려 놀라운 활동을 한다. 이러한 시간 동안 뇌는 기존의 정보들을 통합하고 새로운 연결을 만들어내며, 문제를 해결하거나 미래를 계획할 기회를 제공한다. 우리의 뇌는 끊임없이 활동하지만, 항상 동일한 방식으로 작동하지는 않는다. 뇌가 특정한 과업에 집중하고 있을 때와, 아무것도 하지 않고 멍하게 있을 때는 작동하는 뇌의 영역이 다르다. 아무것도 하지 않을 때 활성화되는 뇌의 영역이 바로 디폴트 모드 네트워크(Default Mode Network, DMN)다.

디폴트 모드 네트워크는 우리가 집중적인 활동을 하지 않을 때 활성화되며, 뇌가 쉬고 있는 것처럼 보일 때도 활발히 작동한다. 이 네트워크는 자기 성찰, 창의적 사고, 문제 해결, 그리고 미래 계획과 같은 고차원적 기능을 담당한다. 우리가 멍하게 있거나 일상적인 행동을 할 때조차, 이 네트워크는 정보를 통합하고 감정을 처리하며 새로운 아이디어를 생성한다.

예를 들어, 어떤 문제를 해결하려고 고심하다가 포기한 뒤 휴식을 취하던 중 갑작스럽게 해결 방법이 떠오르는 경험이 있다면, 이는 디폴트 모드 네트워크의 활동 때문이다. 디폴트 모드 네트워크는 우리의 과거 경험을 되짚어 보고, 이를 바탕으로 미래를 계획하거나 해결되지 않은 문제를 무의식적으로 처리한다. 이 과정에서 의식적으로 해결할 수 없던 복잡한 문제들이 해결되곤 한다. 이처럼 아무것도 하지 않는 시간이 단순히 비어 있는 시간이 아니라, 우리의 뇌가 가장 복잡한 작업을 처리하는 시간임을 이해해야 한다.

아무것도 하지 않을 때 활성화되는 디폴트 모드 네트워크는 단순히 창의적 사고와 문제 해결에만 도움을 주는 것이 아니다.

이 시간은 우리의 심리적 회복에도 필수적인 역할을 한다. 바쁘고 복잡한 일상 속에서 우리는 끊임없이 뇌를 자극하며 살아간다. 그러나 이런 상태가 지속되면 스트레스가 쌓이고, 감정이 억눌리며, 내면의 균형이 무너지게 된다. 아무것도 하지 않는 시간은 이러한 부정적인 영향에서 벗어나 뇌가 스스로를 정리하고 회복할 수 있는 기회를 제공한다. 우리는 멍하니 있을 때 억눌렸던 감정을 처리하고, 복잡한 생각들을 하나씩 정리하며, 긴장을 푸는 경험을 하게 된다. 이 과정에서 뇌는 스트레스 호르몬의 수치를 낮추고, 몸과 마음을 안정시키며, 심리적 균형을 회복한다.

'시간 낭비'가 아니라 '시간 충전'이다

많은 사람들은 시간을 비워두는 것을 낭비로 간주하지만, 우리는 오히려 아무것도 하지 않는 시간을 의도적으로 만들어야 한다. 아무것도 하지 않는 시간은 우리의 뇌가 가장 자연스럽고 효율적으로 작동하는 순간이다. 이런 시간은 창의성의 발화점이 되며, 스트레스를 해소하고, 삶의 방향을 재정비하는 기회가 된다. 물론 과도한 SNS 사용과 같은 진짜 시간 낭비를 경계해야 하지만, 비워두는 시간을 무조건 비생산적인 것으로 치부하는 태도는 우리에게 더 큰 손실을 가져올 수 있다.

결국, 비워둔 시간은 낭비가 아니라 충전이다. 아무것도 하지 않는 시간이야말로 우리가 더 나은 결정을 내리고, 더 나은 삶을 살아갈 수 있도록 돕는 중요한 과정이다. 우리의 뇌는 우리가 멍하니 있을 때도 놀랍도록 생산적으로 움직인다. 그러니 이제는 비워둔 시간을 두려워하지 말고, 삶의 중요한 부분으로 받아들이자. 이를 통해 우리는 더 건강하고 균형 잡힌 삶을 살 수 있을 것이다.

LOW ▲ HIGH

"잠을 줄이면 더 많은 일을 할 수 있다"라는 오해

"네 시간을 자면 합격하고, 다섯 시간을 자면 떨어진다." 이른 바 '사당오락(四當五落)'이라는 말은 극도로 치열한 경쟁 사회에서 탄생한 대표적인 단어다. 특히 입시생들 사이에서는 수면을 줄여 공부 시간에 투자해야만 성공할 수 있다는 강박적 믿음을 심어주었다. 이 표현은 단순히 개인의 노력과 의지를 강조하는 데 그치지 않고, 수면 자체를 불필요한 낭비로 여기는 사회적 인식을 반영한다. 하지만 정말 잠을 줄이면 원하는 목표에 더 빨리 도달할 수 있을까?

많은 사람들이 시간 관리에 대해 이야기할 때 가장 먼저 떠올리는 전략 중 하나가 바로 "잠을 줄이면 더 많은 일을 할 수 있다"라는 것이다. 하루는 24시간으로 한정되어 있으니, 잠자는 시간

44

을 줄여 일을 위한 시간을 확보하겠다는 발상은 겉보기에는 합리적으로 보인다. 하지만 과학적 연구와 사례들은 이 믿음이 얼마나 비효율적이고 위험한지를 보여준다. 실제로 수면 부족은 우리가 계획한 일을 해내지 못하게 만드는 가장 큰 원인 중 하나다.

1965년, 17세의 고등학생 랜디 가드너(Randy Gardner)는 11일간 잠을 자지 않는 실험을 진행했다. 시간이 지남에 따라 가드너의 신체적, 정신적 상태는 급격히 악화되었다. 실험 초기에는 후각과 촉각에 이상이 생기기 시작했고, 3일째에는 기분 변화와 인지 기능 저하가 나타났다. 5일째에는 환각을 경험하며 깨어 있는지 잠들어 있는지 구분하기 어려운 상태에 이르렀다. 11일째에는 심각한 인지 및 감각 장애를 겪었고, 정상적인 의사소통조차 어려운 상황이었다. 실험 종료 후 그는 약 14시간 동안 잠을 자며 빠르게 회복되었지만, 이후 쥐를 대상으로 한 연구에서는 수면 결핍으로 인해 많은 쥐들이 사망에 이르기도 했다.

우리가 최고의 몰입과 집중을 발휘하려면 뇌와 몸이 최상의 상태를 유지해야 한다. 이때 수면은 가장 중요한 역할을 한다. 수면은 뇌가 하루 동안 받은 정보를 정리하고, 불필요한 데이터를 제거하며, 기억과 학습을 강화하는 과정이다. 잘 잔 다음 날 아침, 우리는 더 맑은 정신으로 복잡한 문제를 해결하거나 중요한 결정을 내릴 수 있다. 반대로 수면이 부족하면 뇌는 제대로 작동하지 않는다. 사소한 일에도 에너지가 과도하게 소모되고, 생각이 단순해져 중요한 결정을 미루게 되거나 잘못된 판단을 내리기 쉽다.

수면 부족의 부작용은 에너지와 집중력 저하로 그치지 않는다. 수면이 부족한 날에는 감정 조절 능력도 크게 떨어진다. 짜증이 늘어나고, 동료나 가족과의 소통에서도 불필요한 갈등이 발생하기 쉽다. 이는 하루를 피곤하게 만드는 요인으로 작용하고, 더 많은 스트레스와 소진을 불러온다. 잠을 줄여 시간을 확보하려는 노력은 오히려 일이 더 오래 걸리게 만들고, 실수로 인한 추가적인 시간 낭비를 불러온다. 충분한 수면을 통해 신체적, 정신적 에너지를 충전해야만 생산성과 효율성을 유지할 수 있다.

실제 직장에서도 비슷한 현상이 나타난다. 한 조사에 따르면, 미국 경제는 매년 수면 부족으로 인한 생산성 손실로 약 411억 달러(약 50조 원)에 달하는 손해를 보고 있다. 이는 잠을 줄이는 것이 단기적으로는 시간을 벌어주는 것처럼 보이지만, 장기적으로는 오히려 더 많은 손실을 초래한다는 사실을 보여준다.

잠은 단순한 휴식이 아니라, 우리의 뇌와 몸이 에너지를 회복하고 최적의 상태로 돌아가는 데 반드시 필요한 과정이다. 수면을 줄이는 것은 하루를 준비할 에너지를 빼앗아 가는 것과 같다. 《Sleep》 저널에 실린 연구에 따르면, 하루 6시간 이하의 수면을 취한 사람들은 7~9시간의 충분한 수면을 취한 사람들에 비해 집중력과 작업 효율성이 50% 이상 떨어지는 것으로 나타났다. 이는 잠을 줄여 확보한 시간이 실제로는 아무런 이득도 되지 않는다는 점을 보여준다. 에너지가 없는 시간은 생산적일 수 없다. 더 많은 일을 하겠다고 잠을 줄이는 것은, 에너지를 쏟아야 할 시점에 정작 힘을 쓸 수 없게 만드는 결과를 낳는다. 잠을 줄이는 순간, 우리가 가진 에너지도 함께 줄어들며, 이는 일을 제대로 해내는 데 필요한 동력을 상실하게 만든다.

잠을 줄이는 것이 가져오는 가장 심각한 결과 중 하나는 건강에 미치는 영향이다. 세계보건기구(WHO)는 수면 부족을 암, 심장병, 당뇨병 등 다양한 만성 질환의 주요 원인 중 하나로 꼽는다. 특히, 하루 6시간 이하의 수면은 심혈관 질환의 위험을 48% 증가시킨다는 연구 결과도 있다. 또한, 수면 부족은 면역 체계에도 치명적인 영향을 미친다. UC 버클리의 연구진은 수면 부족이 우리 몸의 면역 세포인 T세포의 활동을 크게 감소시키며, 이는 감염에 대한 저항력을 약화시킨다고 밝혔다. 잠을 줄여 확보한 시간은 표면적으로는 더 많은 일을 할 기회를 제공할 것처럼 보인다. 그러나 그 시간은 우리의 건강, 에너지, 그리고 정신적 안정감을 희생한 결과이다. 이는 오래 지속될 수 없는 전략이며, 결국에는 우리의 목표 달성 능력을 더 떨어뜨리는 악순환을 만든다.

수면을 줄이는 것은 겉으로는 시간을 확보하는 듯 보이지만, 실제로는 우리의 신체적, 정신적 에너지를 고갈시키고, 결과적으로 더 많은 시간을 낭비하게 만든다. 충분히 자고 최상의 컨디션과 에너지를 유지할 때, 우리는 같은 시간 안에서도 더 높은 몰입과 성과를 낼 수 있다. 결국, 더 많은 일을 하고 싶다면, 잠을 줄이는 것이 아니라, 잠으로부터 얻는 에너지를 극대화해야 한다. 하루 7~9시간의 충분한 수면은 단순한 휴식이 아니라, 우리의 뇌와 몸이 최상의 상태를 유지하도록 돕는 필수 조건이다. 이를 통해 우리는 더 짧은 시간 안에 더 나은 성과를 낼 수 있다. 잠을 제대로 자는 것이야말로 최상의 에너지와 몰입, 그리고 성과로 이어지는 시간 관리의 첫걸음이다.

"잠을 줄이면 더 많은 일을 할 수 있다"라는 믿음은 단순히 비효율적일 뿐 아니라, 건강과 생산성 모두를 해치는 위험한 발상이다. 잠을 줄이는 것은 시간을 확보하는 것이 아니라, 우리가 가진 시간의 질을 떨어뜨리는 선택이다. 충분히 자야만 뇌와 몸이 최상의 상태를 유지할 수 있고, 더 높은 몰입과 집중력을 발휘할 수 있다. 더 많은 일을 하고 싶다면, 수면 시간을 줄이는 대신 잠을 제대로 자는 법을 배우는 것이 중요하다. 시간이 부족하다고 느낄수록, 잠부터 챙기자. 이는 당신의 하루를 바꾸는 가장 현명한 선택이 될 것이다.

에너지는 우리의 삶에서 가장 중요한 자원 중 하나이다. 여기서 말하는 에너지는 신체적, 정신적, 감정적, 그리고 영적 에너지를 포함한다. 우리는 매일 많은 결정을 내리고 행동을 취하며, 이러한 모든 활동은 에너지를 소비한다. 하지만, 우리는 종종 우리의 에너지가 어디로 흐르고 있는지, 그리고 그것이 우리에게 얼마나 영향을 미치는지 깊이 생각하지 않는다.

Chapter.2

시간 말고
에너지를
관리하라

LOW ▲ HIGH

판사의 결정이
아침과 저녁에 달라지는 이유

판사들은 하루 종일 객관적이고 공정해야 한다고 생각되지
만, 실제로 아침과 저녁에 판결이 다를 수 있다는 연구 결과가
있다. 2011년 컬럼비아 비즈니스 스쿨의 조나단 레바브 교수
는 이스라엘에서 경험 많은 치안판사 8명이 10개월 동안 내린
1,112건의 가석방 판결을 연구했다.

판결은 아침 첫 판결에서 관대하게 시작한다. 아침에 내린 판
결의 65%는 가석방이었으나, 시간이 흘러갈수록 우호적인 판결
은 서서히 줄어들어 점심시간 직전에는 거의 0%에 가까워졌다.
판사들이 식사 후 휴식을 취한 후에는 다시 가석방률이 65%로
상승했지만, 오후 시간이 지나면서 다시 감소하는 패턴을 보였
다. 같은 사건임에도 불구하고, 판결 시점에 따라 전혀 다른 결

과가 나오는 것이다. 무엇이 이런 차이를 만들었을까?

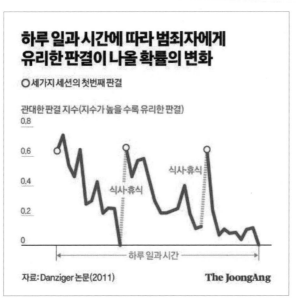

하루 일과 시간에 따라 범죄자에게 유리한 판결이 나올 확률의 변화

○ 세가지 세션의 첫번째 판결

관대한 판결 지수(지수가 높을 수록 유리한 판결)

식사·휴식

식사·휴식

하루 일과 시간

자료: Danziger 논문(2011)   **The JoongAng**

〈김현철의 퍼스펙티브〉, 《중앙일보》,
판사님도 배고프고 피곤하면 판결이 엄해진다고?, 2024.10.17
(https://v.daum.net/v/20241017004009939)

의사결정은 에너지가 좌우한다

이스라엘 판사들의 가석방 결정에 관한 연구는 의사결정 과정이 단순히 이성과 논리에 의해 작동하지 않고, 심리적·신체적 상태와 밀접하게 연결되어 있음을 보여 준다.

의사결정에는 큰 정신적 자원이 요구된다. 반복적인 결정 과정에서 뇌의 에너지가 소모되면, 사람들은 더 간단하고 적은 에너지를 사용하는 결정을 내리려는 경향을 보인다. 피로가 누적되면 사람들은 더 많은 에너지가 요구되는 '변화'보다는, 에너지가 적게 소모되는 '현 상태 유지(보수적 선택)'를 선호하게 된다. 판사들에게 '가석방 승인'은 더 많은 정보와 판단을 요구하기 때문에 시간이 지날수록 이를 피하게 되는 것이다.

이를 잘 설명해주는 것이 바로 '결정 피로(Decision Fatigue)'다. 결정 피로는 반복적인 의사결정을 내릴수록 에너지가 고갈되고 판단의 질이 떨어지는 현상을 말한다. 우리 뇌가 하루 동안 사용할 수 있는 에너지와 자원이 한정되어 있기 때문이다. 이 때문에 시간이 지날수록 사람들은 신중하고 합리적인 결정보다는 단순하고 비효율적인 결정을 내리기 쉽고, 결정을 미루거나 회피하려는 경향을 보인다. 피곤할 때 쇼핑을 하러 가면 불필요한 물건도 쉽게 과소비하게 되거나, 하루 종일 스트레스를 받은 뒤 저녁에 건강에 해로운 음식을 선택하는 것도 비슷한 맥락이다.

판사들도 하루의 피로에 따라 판단이 달라진다면, 우리는 어떨까? 지금 당신의 중요한 결정을 언제 내리고 있는지 돌아보자.

에너지를 관리하는 것은 단순히 생산성을 높이는 문제가 아니라, 더 나은 삶의 선택을 만드는 출발점일 수 있다. 우리의 삶은 매 순간 내리는 선택과 결정으로 이루어지기 때문이다. 그 선택의 질을 좌우하는 것은 단순한 노력이나 의지가 아니다. 바로 에너지를 얼마나 잘 관리하느냐에 달려 있다. 오늘의 작은 결정하나가 내일의 삶을 바꾸는 시작이라면, 그 선택이 최선이 되도록 에너지 관리에 우선순위를 두어야 한다.

당신의 성공을 가로막는 장벽은
시간이 아니라 '에너지'다

"시간만 좀 더 있었더라면 할 수 있었을 텐데…."

"좋은 건 알겠는데, 그거 할 시간이 없어."

사람들은 자신이 성공하지 못한 이유를 '시간'에서 찾으려고 한다. 하지만 동일한 시간을 사는데 왜 어떤 사람은 성장하고 목표를 성취해나가는 반면, 어떤 사람은 그렇지 못할까?

나도 그 답을 찾기 위해 지난 10년 간 미친 듯이 시간 관리를 해보았다. 결국 깨달은 것은 우리의 성공을 가로막는 장벽은 시간이 아니라 '에너지'라는 사실이다. 시간은 고정되어 있지만, 에너지는 확장할 수 있다. 시간은 누구에게나 하루 24시간으로 제한되지만, 에너지는 관리와 회복을 통해 늘릴 수 있다. 생산성과 행복은 시간을 얼마나 사용하는가보다 에너지를 어떻게 관리하는가에 있었다.

그렇다면 에너지 관리와 시간 관리는 구체적으로 어떻게 다를까?

1. 일을 많이 끝내는 것 vs. 더 나은 상태에서 일을 잘 끝내는 것

시간 관리의 목표는 주어진 시간을 효율적으로 사용하여 많은 일을 완수하는 것이다. 따라서 작업을 우선순위에 따라 분배하고 정해진 시간 내에 마감하는 데 중점을 둔다. 이때 "시간을 어떻게 배분할까?"라는 질문에 집중하게 된다. 예를 들면, '9시에는 보고서 작성, 10시에는 고객 상담, 11시에는 거래처 미팅'처럼 시간을 중심으로 계획한다.

반면 에너지 관리의 목표는 신체적, 정신적, 감정적, 영적 에너지를 최적의 상태로 유지하여 작업의 질을 높이는 것이다.* 개인의 에너지 수준에 따라 작업 효율성이 극대화되기 때문에, "내에너지를 언제 어떻게 활용할까?"에 집중한다. 예를 들어 오전에는 집중도가 높으니 복잡하고 어려운 작업, 오후에는 단순한 업무를 배정하는 식이다.

---

* 이 내용은 Jim Loehr와 Tony Schwartz의 《The Power of Full Engagement》의 핵심 개념을 바탕으로 작성되었습니다.

2. 효율성 vs. 효과성

시간 관리는 주어진 시간에 얼마나 많은 일을 빠르게 처리하느냐, 즉 '효율성'이 중요하다. 효율적인 사람은 보통 '유능하다'는 평가를 많이 받는다. 그러나 지나치게 효율에만 집착할 경우, 장기적으로 번아웃에 빠질 위험도 크다. (내가 그랬다!) 또한 에너지가 부족한 상태에서는 시간을 아무리 효율적으로 써도 작업의 질이 낮아질 수 있다. 계속된 야근이나 과도한 작업으로 몸이 망가져 있다면, 시간을 제 아무리 잘 관리한들 원하는 성과나 결과물을 내기가 어렵다.

반면 에너지 관리는 '효과성'에 중점을 둔다. 적절한 에너지 상태에서 작업의 질과 몰입도를 높이는 게 핵심이다. 에너지가 충분하면 짧은 시간에도 더 높은 성과를 낼 수 있기 때문이다. 규칙적인 운동, 충분한 수면, 주기적인 휴식이 포함된 루틴으로 지속 가능한 성공 사이클을 만든다.

3. 구체적인 사례로 보는 차이점

상황	시간 관리	에너지 관리
하루 계획	모든 일을 정해진 시간에 완료	중요한 일은 에너지가 높은 시간대에 배치
집중력이 떨어지는 오후	커피를 마시고 억지로 업무를 계속	10분 산책 후 다시 업무에 몰입
마감일 앞두고 피로함	밤늦게까지 일하며 마감 완료	잠을 자고 아침에 집중하여 더 높은 질의 결과물 완성
운동 루틴	정해진 시간에 매일 운동 강도를 일정하게 유지. 습관은 체계적이나 무리하게 진행하다 컨디션 저하되기도 함	에너지 상태에 따라 운동 강도 조절. 피곤한 날에는 스트레칭이나 요가로 대체
가족과 함께 하는 해외여행	모든 관광지를 정해진 일정에 따라 방문, 계획은 완벽하지만 지나치게 빡빡한 일정으로 피곤하고 예민해짐	여유 있는 일정으로 에너지 유지하며 여행을 즐김. 중요한 장소 우선 방문하여, 체력 상태에 따라 다음 일정 조정

시간 관리는 체계적이고 실용적인 방법이다. 하지만 나의 에너지를 고려하지 않으면 아무리 시간을 쏟아부어도 역효과만 날 수 있다.

일을 많이 끝내는 것

vs. 더 나은 상태에서 일을 잘 끝내는 것

제대로 성장하고 원하는 것을 성취하고 싶다면, 이 '한 끗' 차이를 분명히 알아야 한다. 당신은 무엇을 선택하겠는가?

지금 당신의 에너지는 어디로 흐르고 있는가?

: 에너지 소비 패턴 파악하기

에너지는 우리의 삶에서 가장 중요한 자원 중 하나이다. 여기서 말하는 에너지는 신체적, 정신적, 감정적, 그리고 영적 에너지를 포함한다. 우리는 매일 많은 결정을 내리고 행동을 취하며, 이러한 모든 활동은 에너지를 소비한다. 하지만, 우리는 종종 우리의 에너지가 어디로 흐르고 있는지, 그리고 그것이 우리에게 얼마나 영향을 미치는지 깊이 생각하지 않는다.

에너지는 우리 삶의 중요한 자원이다. 우리가 매일 느끼는 피로, 생산성, 기분은 모두 에너지의 흐름에 의해 좌우된다. 에너지는 단순히 한정된 자원이 아니라, 올바르게 관리하면 무한히 재충전되고, 우리를 더 나은 방향으로 이끌 수 있는 원동력이다. 이를 위해 에너지의 본질과 흐름을 이해하는 것이 중요하다. 이

번 챕터에서는 에너지를 '흐름'으로 이해하고, 나만의 에너시 지도를 그리는 방법을 알아보자.

에너지는 강물처럼 흐른다

에너지의 네 가지 주요 영역

- **신체적 에너지** : 운동, 식사, 수면과 같은 기본 활동을 통해 유지된다.
- **정신적 에너지** : 문제 해결, 학습, 창의적 사고에 사용된다.
- **감정적 에너지** : 인간관계와 스트레스 관리에 영향을 받는다.
- **영적 에너지** : 삶의 의미를 찾고 내적 균형을 유지하는 데 사용된다.

에너지가 흐르는 방식

에너지는 강물처럼 흐른다. 물이 강을 따라 자연스럽게 흐르듯, 우리의 에너지도 하루 동안 다양한 활동과 상황 속에서 움직인다. 하지만 강물처럼 에너지의 흐름도 장애물에 의해 막히거나 방향이 바뀔 수 있다. 이런 흐름을 이해하고 조정하는 것이 에너지 관리를 위한 핵심이다. 어떤 구간에서는 물이 풍부하고 맑게 흐르지만, 어떤 구간에서는 바위나 장애물에 막혀 흐름이 느려지거나 멈추기도 한다. 우리의 목표는 이 흐름을 자연스럽게 이어지게 하는 것이다. 아침에 충분히 충전된 에너지는 올바른 시작을 통해 하루를 활기차게 만들 수 있지만, 잘못된 선택은 에너지를 빠르게 소모하게 한다. 에너지를 관리하려면 흐름을 방해하는 장애물을 찾아 제거하고, 원활한 흐름을 유지하도록 돕는 활동을 배치해야 한다.

에너지 흐름을 파악하는 질문들
- "아침에 나는 어떤 흐름을 시작했는가? 아침의 첫 활동은 하루 전체 에너지 흐름에 큰 영향을 준다. 활기차게 시작했는가, 아니면 느리고 피곤했는가?"
- "점심 이후 에너지 흐름이 막히는 지점이 있었는가? 많은 사람이 점심 이후 에너지가 떨어지는 것을 경험한다. 그 이유는 무엇이며, 이를 개선할 방법은 무엇인가?"
- "오늘 하루 에너지의 흐름이 언제 가장 원활했는가? 에너지가 가장 잘 흐르는 시간대와 활동은 무엇이었는가?"

나만의 에너지 지도 그리기
에너지 지도는 당신의 에너지 소비 패턴을 시각적으로 표현한 것이다. 하루를 시간대별로 나누고, 각 시간대에 에너지를 얼마나 소비했는지 표시한다. 에너지를 가장 많이 소비하는 시간대를 파악하고, 만족감을 느끼는 활동과 스트레스를 느끼는 활동을 비교하여 조정이 필요한 부분을 찾아낼 수 있다. 이를 통해 에너지 흐름을 더 명확히 이해하고, 개선할 방법을 찾을 수 있다.

하루를 시간대별로 나누고, 각 시간대에 에너지가 어떻게 사용되었는지 적어보자. 예를 들어, 아침(6~9시), 낮(12~3시), 저녁(6~9시) 같은 구간으로 나눠본다. 각 시간대의 에너지 흐름을 '풍부하다', '막혔다' 같은 간단한 키워드로 평가한다. 가능하다면 하루 동안 했던 활동과 그 활동에 사용된 에너지를 기록하면 더 좋다. 예를 들어, '회의(정신적 에너지 8/10), 운동(신체적 에너지 7/10), 가족과 대화(감정적 에너지 5/10)', 이런 식으로 적어 본다. 에너지 점수를 매길 때는 너무 고민하지 말고 직관적으로 스스로 느끼는 에너지 수준에 따라 편하게 점수를 기록해본다.

이렇게 기록해보았다면, 하루 동안의 활동과 각 활동에 소모된 에너지 수준을 평가한다. 이렇게 하면 내가 어디에 가장 많은 에너지를 쏟는지, 혹은 어떤 요소가 불필요한 스트레스나 비효율적인 활동으로 에너지를 소모하는지 찾아낼 수 있다. 특히 어떤 활동을 한 이후 감정을 주의 깊게 관찰해보자. 좋은 에너지 흐름은 어떤 게 있었고 나쁜 에너지 흐름은 어떤 게 있었나? 예를 들어, 운동 후 피로감은 있었으나 기분이 상쾌해졌다면, 이는 긍정적인 에너지 흐름이다.

그다음에는 기록된 것을 바탕으로 나의 에너지를 분석하여 개선할 점을 찾는다. 당신의 에너지 흐름을 방해하는 주요 장애물은 무엇인가? 예를 들어, 스마트폰 과다 사용, 불규칙한 식사, 과도한 업무 등이 있을 수 있다. 이를 피하거나 줄이는 방안을 계획한다. 또한, 에너지가 고갈되었다고 느낄 때는 막힌 흐름을 풀어주기 위해 같은 유형의 활동을 지속하기보다는 새로운 활동으로 전환해보자. 에너지를 소비하는 활동 뒤에는 충전할 수 있는 활동을 배치하는 것도 좋은 방법이다. 예를 들면 오후 3시 집중력이 떨어지는 시간대에 10분 산책을 추가하는 것이다.

시간대별로 에너지를 기록하기 어렵다면 하루 3문장으로 끝내는 방법도 있다.

- 오늘 내가 에너지를 가장 많이 쓴 활동은 _____이다.
- 오늘 내가 에너지를 가장 충전한 순간은 _____이다.
- 오늘의 흐름에서 가장 막힌 지점은 _____이다.

이 간단한 질문에 답하는 것만으로도 에너지 흐름을 이해하는 데 큰 도움이 된다.

에너지는 한정된 자원이다. 이를 어떻게 관리하느냐에 따라 우리의 삶의 질이 달라진다. 에너지 소비 패턴을 분석하고 에너지 지도를 작성함으로써 우리의 삶을 더 명확히 이해하고 효과적으로 개선할 수 있다. 당신의 에너지가 어디로 흐르고 있는지 살펴보고, 이를 원하는 방향으로 조정하라.

우리의 삶은 선택의 연속이다. 우리는 하루에도 수많은 결정을 내리며, 그 과정에서 에너지를 조금씩 소진한다. 하지만 진정한 성공은 얼마나 많은 결정을 했는가가 아니라, 얼마나 중요한 결정에 집중했는가에 달려 있다. 의사결정을 단순화하고, 중요한 일에 집중한다면 삶의 질은 놀랍도록 향상될 수 있다. 지금부터라도 더 적게 고민하고, 더 많이 성취하자.

Chapter.3

당신을 갉아먹는
에너지 도둑을
잡아라

불필요한 결정이
당신을 피곤하게 한다

"오늘은 어떤 옷을 입고 가지? 가방이랑 신발은 어떤 게 어울릴까?"

"점심은 뭐 먹을까? 한식? 중식? 일식? 간단히 샐러드?"

"주간 회의 때 논의할 아젠다는 뭐로 하면 좋을까?"

"아이스 아메리카노를 먹을까? 따뜻한 라떼를 먹을까?"

"이번 주에는 애들 데리고 어디에 놀러 가지?"

"이 쇼츠들 중에 어떤 걸 클릭해서 볼까?"

우리가 의식하지 못하는 순간에도 우리는 매일 크고 작은 의사결정을 수없이 반복하며 살아간다. 코넬대학교의 연구에 따르면, 우리는 매일 평균 35,000개의 의사결정을 한다고 한다. 이렇게 여러 의사결정을 하다 보면 뇌의 에너지는 금방 소진되고 만다. 중요한 업무 결정뿐만 아니라, 아침에 무엇을 입을까, 점심 메뉴로 무엇을 먹을까와 같은 일상적인 결정을 반복하기만 해도 뇌는 계속 피로를 느낀다. 반대로, 이런 반복적이고 일상적인 의사결정만 줄여도 우리 뇌는 더 중요한 작업에 몰입할 수 있다.

오바마 전 대통령은 공식 석상에서 검정과 파랑 정장만 입었다. 한 인터뷰에서 오바마 전 대통령은 이에 대해 이렇게 말했다.

"나는 내가 무엇을 입을지, 무엇을 먹을지에 대해 고민하고 싶지 않습니다. 왜냐면, 내게는 그보다 더 중요한 결정들이 많이 있기 때문입니다."

그는 정장 색상처럼 중요도가 낮은 결정에 에너지를 소비하지 않고, 국가적 과제나 정책 결정과 같은 중요한 문제에 에너지를 집중했다.

혹시 당신은 사소한 결정을 하느라 정작 중요한 결정엔 시간을 쏟지 못하고 미뤄 두지는 않았는가? 그렇다면 지금이 바로 '불필요한 결정'이라는 당신의 에너지 도둑을 잡을 때이다. 어떻게 하면 의사결정을 단순화할 수 있는지 구체적인 실천 방법들을 알아보자.

1. 25/5 법칙을 기억하라.

마이크 플린트(Mike Flint)는 워런 버핏의 개인 파일럿으로, 10년 넘게 워런 버핏과 함께 일했다. 어느날 플린트는 자신의 커리어와 목표에 대해 고민하다가 버핏에게 조언을 구했다. 버핏은 플린트에게 달성하고 싶은 25가지 목표를 작성하라고 권했다. 플린트가 25가지 목표를 모두 작성하자, 버핏은 이 목록에서 가장 중요한 5가지 목표를 선택하라고 말했다.

플린트가 "나머지 20가지는 어떻게 하면 좋을까요?"라고 묻자, 버핏은 이렇게 답했다.

"이 20가지는 무조건 피해야 할 리스트입니다. 이 목표들은 중요해 보이지만, 실제로는 당신의 핵심 목표를 방해하는 요소일 뿐입니다."

이처럼 자신이 진정으로 집중해야 할 핵심 영역을 명확히 파악하는 게 무엇보다 중요하다. 나머지 20개 목록이 머리에 계속 떠오르겠지만, 이 목표에 시간을 투자하지 않도록 의식적으로 노력해야 한다.

2. 선택지를 제한하라.

선택지가 많으면 좋을 것 같지만, 오히려 의사결정 속도를 늦추기만 할 뿐이다. 할 수 있는 한 불필요한 옵션을 모두 제거하자. 나는 목욕용품과 기초 화장품은 한 브랜드 제품으로만 산다.

한 번 결정할 때 나의 구매 기준에 맞게 꼼꼼히 살펴보고, 그 이후로는 다른 제품과 비교하며 결정하는 데 시간을 낭비하지 않는다.

또한, 옷장에는 매일 입는 옷만 걸려 있다. '살 빼면 입어야지, 버리긴 아까우니 집에서 잠옷으로라도 입어야지'라는 옷은 하나도 없다. 어떤 옷을 고르더라도 어울리고 내가 좋아하는 옷으로만 옷장에 채워져 있기 때문에, 매일 아침 옷을 고를 때 1분도 채 걸리지 않는다. 신발도 운동화 하나, 구두 하나, 총 2개다. 상황에 따라 둘 중 하나를 신고 나간다. (계절에 따라 3켤레가 될 때가 있긴 하다.) 많은 물건을 가지고 있는 것보다, 좋은 물건을 딱 필요한 만큼만 가지고 있는 게 훨씬 풍요로운 삶을 만든다.

3. 반복되는 일은 자동화하라.

공과금, 보험료, 저축 등 매달 반복되는 지출은 자동이체 설정으로 신경 쓸 필요 없이 관리한다. 계란, 우유, 쌀과 같이 반복적으로 구매해야 하는 식료품은 정기 배송을 이용하면 매번 언제 구매할지 결정하지 않아도 된다. 매일 운동하기로 결심했다면, '오늘은 언제 가지?' 고민하지 말고, 매일 일정한 시간에 나간다. 그리고 자동 습관이 될 때까지 반복한다.

4. 한 번에 몰아서 결정하라.

'매일 뭐 먹지?'를 고민하는 건 생각보다 많은 시간과 에너지가 소모된다. 한 조사에 따르면, 우리는 매일 음식과 관련된 의사결정만 무려 226번을 한다고 한다. 가능하다면 식단도 한 번에 몰아서 결정해보자. 일주일에 한두 번 장을 볼 때, 3일 혹은 일주일 치 식단을 미리 생각해둔다. 하루만 투자하면 일주일 동안에는 뭐 먹을까 고민하지 않아도 되고, 음식 재료 낭비도 없다.

5. 결정 기준을 명확히 설정하라.

의사결정 기준을 미리 세워두면 불필요한 고민을 줄이고, 중요한 결정을 더 빠르고 정확하게 내릴 수 있다. 또한, 명확한 기준은 의사결정의 일관성을 유지하고, 판단 실수를 줄이는 데 도움이 된다. 예를 들어 외부 팀과 신규 프로젝트를 진행할 때, '프로젝트 수익률이 20% 이상일 경우에만 진행', '단발성 프로젝트보다는 1년 이상 장기적으로 협업이 가능한 프로젝트를 우선'한다는 사내 기준이 있다면 보다 정확한 판단을 할 수 있다. 또한 '가족 여행은 집에서 2시간 이내로 이동 가능한 장소에서 선택한다.'라는 기준이 있다면 2시간 이상 걸리는 지역을 검색하느라 시간을 쓰지 않아도 된다.

이런 명확한 기준이 있으면 셀 수 없이 많았던 의사결정 사안

들이 명확해지고 줄어든다. 즉, 할 일과 하지 않을 일을 미리 결정함으로써, 중요한 의사결정에 쏟을 에너지를 저장해둘 수 있는 것이다. 우리의 삶은 선택의 연속이다. 우리는 하루에도 수많은 결정을 내리며, 그 과정에서 에너지를 조금씩 소진한다. 하지만 진정한 성공은 얼마나 많은 결정을 했는가가 아니라, 얼마나 중요한 결정에 집중했는가에 달려 있다. 의사결정을 단순화하고, 중요한 일에 집중한다면 삶의 질은 놀랍도록 향상될 수 있다. 지금부터라도 더 적게 고민하고, 더 많이 성취하자.

멀티태스킹은
당신을 속이고 있다

우리는 종종 멀티태스킹을 능력의 상징으로 생각한다. 직장에서 이메일을 확인하면서 보고서를 작성하고, 옆에서는 메시지를 답장하는 모습을 보면 "저 사람 정말 유능하구나"라는 생각이 들 수 있다. 하지만 이는 착각이다. 멀티태스킹은 생산성을 높이는 것이 아니라, 오히려 일을 느리고 어렵게 만든다. 멀티태스킹이 잘 작동할 것처럼 보이는 이유는 우리가 '동시에 여러 가지 일을 한다'라는 환상에 속아 있기 때문이다. 운전하면서 음악을 듣고, 요리하면서 전화 통화를 하며, 이메일을 읽으면서 회의에 참여하는 모습이 멀티태스킹의 예로 여겨진다. 하지만 과학적으로 살펴보면, 멀티태스킹은 단순한 착각에 불과하다. 우리가 실제로 하고 있는 것은 멀티태스킹이 아니라 '스위치 태스킹'과 '백그라운드 태스킹'이다.

스위치 태스킹

스위치 태스킹은 한 번에 두 개 이상의 작업을 번갈아 처리하는 방식을 의미한다. 겉보기에는 두 가지 일을 동시에 잘 처리하는 것처럼 보이지만, 실제로는 우리의 뇌가 한 작업에서 다른 작업으로 끊임없이 전환하는 것이다. 이러한 작업 전환은 마치 기차가 고속으로 정해진 방향으로 달리다가 갑자기 선로를 변경하는 것과 같다. 기차는 새로운 선로로 이동하기 위해 반드시 속도를 줄이고, 선로를 전환한 뒤에야 다시 가속할 수 있다. 이 과정에서 시간과 에너지가 소모되며, 원래의 속도와 흐름을 회복하는 데 많은 노력이 필요하다. 오리건대학 마이클 포스터 교수의 연구에 따르면, 우리가 무언가에 몰두하다가 방해를 받으면, 다시 원래의 집중 상태로 돌아오는 데 평균 23분이 걸린다고 한다. 이런 작업 전환이 하루에도 여러 번 반복되면 얼마나 많은 시간을 낭비하게 되는지 쉽게 짐작할 수 있다. 게다가, 이 과정은 단순히 시간을 낭비하는 데 그치지 않고 피로와 스트레스를 증가시키며, 작업의 질도 떨어뜨린다.

우리의 뇌도 비슷하다. 한 가지 작업에 몰입할 때는 일종의 '집중의 선로'가 만들어지며, 뇌가 효율적으로 움직일 수 있는 상태에 도달한다. 뇌는 한 가지 작업에 몰두할 때, 자주 사용하는 신경 경로가 강화되면서 점점 더 적은 에너지를 사용해도 작업을 처리할 수 있게 된다. 자전거를 처음 배울 때는 힘들지만, 점점 익숙해지면서 자연스럽게 탈 수 있게 되는 것과 같은 원리다. 그러나 멀티태스킹을 하면, 다른 작업으로 넘어가야 할 때마다 이 선로가 변경된다. 이 때문에 뇌는 속도를 늦추며 새로운 작업의 맥락을 이해하고 적응하기 위해 추가적인 노력을 기울여야 한다. 이러한 선로 변경이 반복될수록, 작업의 흐름은 점점 더 깨지고, 피로는 증가한다. 게다가 전환 과정에서 실수나 혼란이 발생할 가능성도 커지며, 결국 모든 작업이 비효율적으로 이루어진다.

백그라운드 태스킹

백그라운드 태스킹은 비교적 단순한 무의식적 작업을 하면서 동시에 더 복잡한 작업을 수행하는 경우를 의미한다. 예를 들어, 음악을 들으며 설거지를 하거나, 러닝머신에서 달리면서 유튜브를 보는 행동이 이에 해당한다. 여기서 단순한 작업은 자동화된 방식으로 처리되기 때문에 큰 주의력을 요구하지 않는다. 하지만 문제는, 한 가지 작업이라도 의식적이고 복잡한 주의가 필요한 경우 백그라운드 태스킹이 쉽게 한계를 드러낸다는 점이다. 특히 한쪽 작업이 예상보다 복잡해지거나 변화가 생기면, 두 작업 모두에서 혼란이 발생한다.

뇌 과학자들에 따르면, 인간의 뇌는 한 번에 두 가지 작업을 처리하는 것이 한계다. 이 두 가지 작업도 서로 충돌하지 않는 경우에만 가능한 것이다. 예를 들어, 반복적인 동작(걷기)과 가벼운 대화는 동시에 처리할 수 있지만, 복잡한 논리적 사고가 필요한 작업 두 가지는 불가능하다. 운전 중에 가벼운 음악이나 오디오를 듣는 것은 비교적 쉽다. 그러나 도로가 복잡해지거나 갑작스러운 위험 상황이 발생하면 운전자는 본능적으로 소리를 줄이거나 끄고 온전히 운전에 집중한다. 가족과 대화를 나누며 설거지를 할 때도 마찬가지다. 간단한 대화는 설거지를 멈추지 않고 계속할 수 있지만 복잡한 질문을 하거나 중요한 이야기를 하면 설거지를 멈추고 대화에 집중하게 된다.

멀티태스킹을 잘한다고 여겨지는 사람들도 사실은 두 작업 중 어느 하나에만 부분적으로 집중하고 있을 뿐이다. 외적으로는 두 가지 작업이 동시에 이루어지는 것처럼 보이지만, 실제로는 각 작업에 들이는 주의력이 얕아질 뿐이다. 완벽하게 두 가지 일을 동시에 처리하는 것은 불가능하다. 하나에 집중하면 다른 하나는 필연적으로 소홀해진다. 두 가지 일을 동시에 할 수는 있어도, 두 가지 모두에 효과적으로 집중할 수는 없다.

멀티태스킹은 우리의 뇌를 과부하 상태로 몰아넣는다. 영국 런던대의 연구에 따르면, 멀티태스킹을 수행한 사람들의 IQ가 15점 낮아졌으며, 이는 밤을 새우거나 마리화나를 사용했을 때와 비슷한 수준이다. 운전 중 스마트폰을 사용하는 경우 운전자의 반응 속도가 음주운전 상태와 비슷하다는 연구 결과도 있다. 또한, 학생들을 대상으로 한 실험에서는 스마트폰의 문자 메시지를 확인하며 시험을 치르도록 했더니 성적이 평균 20%나 낮아졌다. 이는 우리의 뇌가 한 번에 하나의 작업에만 최적화되어 있다는 점을 보여준다.

작업 전환은 생각보다 큰 비용을 요구한다. 한 가지 작업을 진행하다가 다른 작업으로 전환하는 순간, 우리는 처음 작업에서 멀어지게 된다. 흐름이 깨질수록 처음 작업으로 돌아가기 어렵고, 결국 마무리되지 않은 일이 쌓이게 된다. 이것은 단순히 우리의 의지 부족 때문이 아니다. 우리의 뇌는 작업 전환이 잦아질수록 집중의 흐름을 유지하기 어려워지기 때문이다.

예를 들어, 제안서를 작성하다가 이메일을 확인하거나, 전화를 받는 일이 반복되면, 결국 제안서를 마무리 짓는 데 필요한 집중력을 잃게 된다. 작업이 중단되면 그동안 쌓아온 흐름과 맥락이 깨진다. 다시 돌아가려면 처음부터 맥락을 재구성해야 하는데, 이는 처음 작업을 시작했을 때보다 더 많은 에너지를 소모한다. 이 과정이 반복되면, 자연스럽게 그 작업은 미완으로 남게 된다.

이러한 문제를 해결하기 위한 가장 강력한 방법은 싱글 핸들

링(single-handling)*을 습관화하는 것이다. 싱글 핸들링이란 일단 업무를 시작하면 100% 완벽하게 달성할 때까지 집중하기로 결심하는 것이다. 한 번에 하나의 작업에 몰입하고, 가능한 한 그 작업을 끝내는 습관을 들이자. 일단 한 가지 일을 시작했으면 그 일을 끝마칠 때까지 집중하여 '마무리'를 짓도록 훈련하라. 한 가지 작업을 완수했을 때 뇌는 성취감과 함께 새로운 작업으로 넘어갈 준비를 자연스럽게 마칠 수 있다. 이는 작업 전환 과정에서의 에너지 소모를 최소화하고, 미완성 작업이 주는 스트레스를 줄이는 데 도움을 준다.

멀티태스킹은 많은 일을 동시에 처리할 수 있다는 환상을 줄 수 있지만, 실제로는 우리의 시간과 에너지를 낭비하게 만든다. 반대로, 한 가지 일에 집중하고 몰입하면 뇌는 가장 효율적으로 작동하며, 더 좋은 결과를 만들어낼 수 있다. 기차가 정해진 선로를 따라 꾸준히 달릴 때 가장 빠르고 안전하게 목적지에 도달할 수 있듯, 한 번에 하나의 작업에 몰두하는 것이 가장 효율적인 방법이다. 몰입 상태에서 뇌는 최대한의 능력을 발휘하며, 작업 속도와 질을 모두 높일 수 있다. 이제부터는 멀티태스킹이라는 착각에서 벗어나, 더 나은 결과를 위해 집중과 몰입을 선택해보자.

---

* 브라이언 트레이시, 이성엽,《Time Power 잠들어 있는 시간을 깨워라》, 황금부엉이, 2013.에 나오는 개념을 참고했습니다.

거절할 용기가 없다면,
당신의 인생은 다른 사람의 것이 된다

    우리는 사회생활에서 '예스'라고 말하는 것이 갈등을 피하고 관계를 유지하는 가장 안전한 선택이라고 느낀다. 상사나 동료의 부탁, 친구의 요청, 심지어 모르는 사람의 제안까지 '아니요'를 말하는 것은 불편하고 어려운 일이다. 그러나 모든 것에 예스라고 답하는 것은 단순한 호의 이상의 대가를 요구하며, 이는 당신의 에너지와 삶의 질을 서서히 갉아 먹는 행위가 될 수 있다.

    짐 캐리 주연의 〈예스맨〉이라는 영화가 있다. 주인공 칼 앨런(짐 캐리)은 모든 것에 "아니요"라고 말하며 소극적으로 살아가던 중, 삶을 변화시키기 위해 모든 요청에 "예스"라고 답하기로 결심한다. 처음에는 그의 삶이 다채로워지고 새로운 기회들이 열리기 시작한다. 하지만 시간이 지날수록 무분별한 '예스'는 그의 에너지를 소모시키고, 불필요한 약속들로 인해 중요한 사람들과의 관계나 본인이 진정으로 원하는 목표에서 멀어지게 만든다.

잠깐 영화 속 한 장면을 보자. 칼(짐 캐리)이 YES 철학을 실천하기로 결심한 직후, 길거리에서 한 노숙자를 만나게 된다. 칼이 처음 YES를 외치면서 새로운 변화에 설렘을 느끼던 시점이라, 노숙자의 모든 요청에 선뜻 응한다. 노숙자는 칼에게 다가와 돈을 달라고 요청한다. 칼은 그가 가진 모든 현금을 건넨다. 돈을 받은 노숙자는 이번에는 칼에게 자신을 어딘가로 데려다 달라고 요청한다. 칼은 주저 없이 "YES"라고 말하며 그를 차에 태운다. 칼은 노숙자를 목적지까지 데려다주기 위해 장거리 운전을 한다. 긴 운전 끝에, 칼의 차는 기름이 바닥나 멈추게 되는데 마침 휴대폰 배터리도 방전되어 구조 요청을 할 수 없는 상황에 처한다. 결국 칼은 한밤중에 어두운 길에 혼자 남게 된다.

이 장면은 칼이 YES 철학을 무조건적으로 적용하면서 자신의 자원을 고갈시키는 모습을 보여준다. 노숙자의 요구는 끝이 없었다. 처음엔 돈, 그다음엔 운전, 그 이후엔 장거리 이동. 요청이 점점 과도해졌지만, 칼은 이를 거절하지 못한다. 돈, 기름, 시간, 에너지 등 자신이 가진 모든 것을 쏟아붓는 과정에서 칼은 도움의 한계를 설정하지 않으면 스스로가 피해자가 될 수 있다는 교훈을 얻게 된다.

영화이기에 다소 과장된 면이 없지 않겠지만, 이런 모습은 우리 주위에서도 흔히 볼 수 있다. 최근 다른 사람과의 갈등이나 불편함을 피하려고 원하지 않는 일에도 억지로 동의한 적이 있는가? 우리는 사회생활을 하면서 타인의 요청이나 기대에 부응하기 위해 '예스'라고 말하는 경우가 많다. 이는 원활한 인간관계를 유지하고, 갈등을 피하며, 자신이 '좋은 사람'으로 보이기 위한 자연스러운 행동일 수 있다. 인간관계 속에서 특히 우리에게 과도한 부탁이나 요구를 하는 사람들이 있다. 그런 사람들은 어느새 자신의 문제를 우리의 문제로 떠넘기곤 한다. 만약 그들의 요구에 휘둘리기 시작하면 우리의 시간과 에너지는 고갈될 것이며, 결국 정작 우리에게 중요한 일들을 할 여유조차 잃게 된다.

도움이 필요한 사람을 외면하자는 이야기가 아니다. 우리는 서로 사랑으로 돕고 협력하며 살아가야 한다. 그러나 모든 것에 무분별하게 "예스"라고 말하는 것은 단기적으로는 갈등을 피하고 타인의 기대에 부응할 수 있지만, 장기적으로는 당신의 시간, 에너지, 정신적 건강을 갉아먹는 에너지 도둑이 된다. 〈예스맨〉의 영화 후반부에서 주인공 칼은 지혜로운 거절이 필요함을 배우게 된다. 그는 모든 요청에 "YES"라고 말하는 것이 아니라, 자신이 정말로 원하거나 가치 있다고 생각하는 일에만 YES를 말하기 시작한다. 이로 인해 삶의 기회는 유지하면서도 불필요한 피로와 갈등을 줄이게 된다.

잠깐의 불편함을 피하기 위해 '아니오'를 말하지 못하고 '예'를 선택하면, 그 결과로 오랫동안 후회하게 될 수 있다. 이런 상황을 해결하는 유일한 방법은 단호하고 지혜롭게 '아니오'라고 말하는 것이다. 무분별하게 '예'라고 답하는 것은 상대방에 대한 진정한 존중이 아니며, 거절을 미루는 것은 상황을 더 복잡하게 만들 뿐이다.

혹시 당신도 거절하지 못해 정작 중요한 것을 놓치고 있진 않는가? 거절은 상대방에 대한 거부가 아니라, 자신의 시간과 에너지를 지키는 기술이다. 거절한다고 해서 상대방을 무조건 실망시키거나 관계가 악화되는 것도 아니다. 거절은 오히려 정직함과 책임감 있는 태도의 표현이다. 상대방의 요청에 정직하게 반응하는 것이 진정한 배려이며, 거절을 통해 내게 가장 소중한 것을 지킬 수 있다.

물론 거절에도 방법이 있다. 무례하지 않고 상대를 배려하는 '친절한 거절'을 연습하자. 거절의 이유와 함께 정중히 말하면 상대방도 충분히 이해할 것이다. 예를 들면, "죄송하지만, 지금 제 시간이 부족해서 그 일을 할 수 없을 것 같아요.", "지금 제가 맡은 일이 많아서 도움을 드리기 어렵습니다."라는 식으로 말이다. 또 거절하는 대신 대안을 제시하는 것도 매우 좋은 방법이다. "지금은 어렵지만, 다음 주에 시간을 낼 수 있을 것 같아요.", "제가 도와드리지는 못하지만, 그 일을 잘할 만한 다른 사람을 추천해 드릴게요."라고 말이다.

아마 '아니오'라고 거절하기 가장 어려운 것 중 하나는 직장상사가 지시하는 업무일 것이다. 상사의 요청을 직접적으로 거부하기 어렵다면, 판단 자체를 상사에게 넘기는 게 좋다.

"현재 이런 일들을 진행하고 있습니다. 만약 지금 이 일을 추가로 한다면, 금요일까지 마무리해달라고 요청하셨던 A 프로젝트 일정에 차질이 생길 것 같습니다. 어떤 걸 더 우선순위에 두고 작업하면 될까요?"

이는 일을 떠맡기 싫어서 꾀를 부리라는 것이 아니다. 가장 핵심적인 업무에서 성과를 내는 것이 중요할 때는 비본질적인 업무를 쳐낼 줄도 알아야 한다.

누군가의 요청을 수락할 때, 그로 인해 우리가 포기하게 되는 것들을 생각하면 판단을 내리기가 훨씬 수월해진다. 예를 들어 나의 경우, 지금 4살, 1살 자녀를 키우며 이 책을 쓰고 있다. 이 책을 쓰고자 마음먹고 나서 나는 최대한 약속을 잡지 않았다. 아이들을 돌보며 짬을 내는 것도 쉽지 않은데, 다른 약속까지 잡혀 있으면 책을 쓸 시간을 전혀 확보할 수 없기 때문이다. 약속 하나를 수락할 때마다, 그날 목표했던 '1개의 목차'를 포기해야 했다. 이는 내 꿈과 목표에서 점점 멀어지는 결정이었다. 이럴 땐 단호한 거절이 필요하다. 하나의 YES가 의미하는 바는 그 시간에 할 수 있는 수많은 가능성에 대한 NO다. 따라서 함부로 예스라고 해서는 안 된다. 그렇지 않으면 우리 삶에서 훨씬 더 중요한 것들을 상실할 수도 있다.

진정한 예스는 자신이 진정으로 중요하게 여기는 것과 가치에 부합하는 선택에서 나와야 한다. 필요할 때 "NO"라고 말하는 용기를 가지자. NO는 거절이 아니라, 더 중요한 YES를 위해 공간을 만드는 선택이다. NO라고 말할 줄 아는 것은 자신의 에너지와 삶의 가치를 보호하는 것이다. 우리는 한정된 시간과 에너지를 가지고 있다. 모든 요청에 예스라고 말하는 대신, 삶에서 진정으로 중요한 것들에 집중하며 살아갈 때, 당신은 스스로를 갉아먹는 에너지 도둑으로부터 자유로워질 수 있다.

LOW   HIGH
▲

운명을 바꾸고 싶다면,
불필요한 물건부터 버려라

"어? 그게 어디 갔지?"

난잡하고 정돈되지 않은 방에 살고 있으면 이와 같은 일이 자주 일어난다. 물건을 찾느라 시간과 에너지를 낭비하게 되고, 정작 물건을 찾고 나면 무엇을 하려고 했는지조차 기억이 안 난다.

일본의 유명 미니멀리스트인 사사키 후미오는 저서 《나는 단순하게 살기로 했다》에서 소유한 물건들이 많을수록, '침묵의 투두(To-Do) 리스트'가 많아진다고 했다. 물건이라고 해서 그저 가만히 놓여 있는 게 아니라, 우리에게 무언의 메시지를 보낸다는 것이다.

"할 일 없나 본데, 슬슬 다시 한번 도전해보는 게 어때?" (내

팽개친 영어회화 교재)

"사오는 걸 또 잊었어? 이런 사소한 일도 제대로 못하다
니!" (수명이 다 된 전구)

"항상 이 모양이군! 도대체 언제까지 이렇게 둘 거야?" (개
수대에 쌓인 그릇)

책상이 어질러진 사람은 업무 효율성이 떨어지기 마련이다.
사실 그 원인은 침묵의 투두 리스트에 있다. 명함 분류, 서류 정
리, 불필요한 자료 버리기 등 제때 처리하지 못한 일들이 책상
위에 산더미처럼 쌓이게 된다. 우리는 할 일이 너무 많아지면 의
욕이 떨어지고 귀찮아진다. 이 '귀찮다'라는 감정은 투두 리스트
가 너무 많은 상태다.*

이렇듯 우리가 가진 물건은 단순히 공간을 차지하는 것에 그
치지 않고, 우리의 시간과 에너지를 상당히 많이 소모한다.

불필요한 물건은 '죽은 에너지'다

사용하지 않는 물건은 공간을 차지하며, 그 공간의 흐름을 막
고 정체시킨다. 방치된 물건이 많을수록, 공간이 무질서해지고
삶의 질이 떨어진다. 버리지도 못하고 쌓인 물건을 보고 있으면
'왜 이걸 샀을까?', '언젠가 써야 하는데….' 하며 죄책감이나 후

---

*사사키 후미오, 김윤경, 《나는 단순하게 살기로 했다》, 비즈니스북스, 2015,
pp. 212~214

회 같은 부정적인 감정이 생기기도 한다.

이렇게 불필요한 물건은 에너지를 잃고, 우리의 공간과 정신을 압박하는 죽은 에너지가 된다. 물건을 버리는 것은 단순히 공간을 깨끗하게 하는 것이 아니라, 활력 있는 삶을 위해 새로운 에너지를 불러오는 것이다.

나는 마음이 어지러우면 집안을 둘러보며 쓰레기부터 버린다. 그리고 어떤 죽은 에너지가 나의 마음을 어지럽히는지 찾는다. 죽은 에너지를 찾으면 그 즉시 물건의 운명을 결정하여 처리한다. 다른 곳으로 장소 이동만 해서는 죽은 에너지가 사라지지 않는다. 이렇게 한바탕 물건을 비우고 나면 집도 넓어지고, 마음도 훨씬 가뿐해진다.

공간 정리는 곧 마음 정리다
: 불필요한 집착과 두려움에서 벗어나자

우리가 가진 물건이 많을수록 과거에 묶여 있을 가능성이 크다. 버리지 못하는 물건 중에는 과거의 영광, 지나간 추억, 아쉬움이나 미련이 담긴 물건이 많기 때문이다. 물건을 버리는 과정은 단순히 물건을 비우는 것이 아니라, 우리의 집착과 두려움을 떨쳐내는 연습이다. 이를 통해 과거로부터 자유로워지고, 현재와 미래에 집중할 공간을 확보할 수 있다.

잠시 시간을 내어 주변을 둘러보자. 그리고 당신의 에너지를 빼앗는 물건이 있다면 지금 당장 버리자. 혹시 목이 다 늘어난

티셔츠를 집에서 잠옷으로 입겠다고 켜켜이 쌓아놓지는 않았는가? 지나갈 때마다 발에 걸리는 박스는? 고장 났거나 먼지가 쌓인 장식품은? 더 이상 사용하지 않는 취미 용품은? 이런 물건은 알지 못하는 사이에 점점 쌓여 가고, 당신의 에너지를 갉아 먹으며 당신을 무기력하게 만든다.

물리적 공간과 우리의 내면은 밀접한 관계를 맺고 있다. 지저분한 공간은 우리의 마음을 혼란스럽게 만들고, 정리된 공간은 평온함과 명확함을 가져온다. 불필요한 물건을 제거하면 우리의 내면도 자연스럽게 정리되고, 내가 해야 할 일도 분명하게 보인다.

새로운 가능성을 위한 여유 공간을 만들자

새로운 삶의 변화나 운명은 여유 공간이 있을 때만 찾아올 수 있다. 물건을 버리는 행위는 새로운 가능성을 채우기 위한 공간을 준비하는 것이다. 또한 스스로에게 이렇게 선언하는 것이다.

"나는 과거에 얽매이지 않고, 새로운 기회를 맞이할 준비가 되어 있다."
"나는 내 삶의 주도권을 잡고, 나를 위한 최적의 환경을 만들 것이다."

불필요한 물건은 물리적, 심리적 장애물로 작용한다. 본래 우리는 누구나 성장하고 변화할 수 있는 힘을 가지고 있지만, 그 힘을 막는 장애물을 스스로 쌓아두고 있었을 뿐이다. 물건을 버리면서 본연의 힘과 잠재력을 다시 발견하고, 새로운 운명을 만들어갈 기회를 만들자. 버리지 않으면 절대 새로운 것이 들어올 수 없다. 새로운 자신을 만나고 더 나은 삶을 살고 싶다면, 이 법칙을 꼭 기억하자.

당신의 적군!
에너지 뱀파이어를 멀리하라

2012년, 페이스북에서 한 가지 흥미로운 실험이 진행됐다. 1 주일 동안 약 68만 9천 명의 사용자를 대상으로 피드에 올라오는 긍정적 혹은 부정적 게시물의 노출 빈도를 조절한 것이다. 그 결과, 긍정적인 게시물에 더 많이 노출된 사용자는 긍정적인 피드를 더 자주 올렸고, 부정적인 게시물에 더 많이 노출된 사용자는 부정적인 피드를 더 자주 올리는 경향을 보였다.[*]

이렇듯 한 개인의 감정과 에너지는 주변 사람에게 쉽게 전염될 수 있는데, 이를 '정서적 전염(Emotional Contagion)'이라고 한

---

[*] Adam Kramer, Jamie Guillory, Jeffrey Hancock, 〈Experimental Evidence of Massive-Scale Emotional Contagion Through Social Networks〉, 《Proceedings of the National Academy of Sciences (PNAS)》, 2014

다.** 특히, 부정적 에너지는 긍정적인 에너지보다 더 강하게 전염된다. 공포나 슬픔과 같은 부정적 감정은 즐거움과 같은 긍정적 감정보다 인간의 생존 본능에 더 직접적으로 연결되어 있기 때문이다.

따라서 나의 에너지를 끌어올리기 위해 가장 먼저 해야 할 것은 외부의 '부정적 에너지'로부터 멀어지는 것이다. 존 고든은 저서《에너지 버스》에서 이를 '에너지 뱀파이어'라고 정의했다.

> "세상에 만연해 있는 부정 에너지를 다루기란 만만치 않아요. 모질다 싶을지 몰라도 과감한 과단성이 필요하죠. 부정 에너지는 그렇게 하지 않으면 잘라내기 힘들어요. 우리가 인생에서 행복과 성공을 맛보기 위해서는 우리 주변을 긍정적인 사람과 긍정 에너지로만 가득 채워야 합니다. (…) 우리 주변에는 우리에게 에너지를 더해주는 사람도 있고, 에너지를 빨아먹는 사람도 있어요. 후자를 나는 '에너지 뱀파이어'라고 부릅니다. 이들을 그냥 내버려 두면 우리의 생명력을, 목표와 비전을 차츰차츰 갉아 먹지요."
>
> - 〈에너지 버스〉, 中

당신이 현재 긍정적 에너지로 꽉 차올라 어떤 부정적인 사람

** Elaine Hatfield, John Cacioppo, Richard Rapson, 〈Emotional Contagion〉, Cambridge University Press, 1994

을 만나도 끄떡없다면 괜찮다. 하지만 그렇지 않다면, 특히 이 3가지를 가진 에너지 뱀파이어를 조심해야 한다.

첫째, '피해 의식'이다. 피해 의식은 자신을 항상 '피해자'로 간주하며, 문제의 책임을 타인이나 외부 요인에게 돌리는 사고방식이다. 이런 사람은 항상 '남탓', '환경탓'을 한다.

> "난 잘했는데, 저 멍청한 팀원 때문에 계약을 못 땄어."
>
> "네가 똑바로 이야기해줬으면 이런 일 없었잖아. 다 너 때문이야."
>
> "내 사업이 망한 건 저 옆집 가게 때문이야. 저 가게만 없었어도…"

이런 사람은 문제의 원인을 항상 외부에서 찾기 때문에 절대 성장할 수 없고, 옆에 있는 사람의 발목도 붙잡는다.

둘째, '없음'에 집중한다. 이런 사람은 상황의 긍정적인 측면을 보지 못하고, 결핍된 부분만 부풀려서 바라본다.

> "내 친구는 저런 명품 가방도 사는데, 나는 몇 년째 이 가방이네. 매달 돈이 부족해서 힘들어 죽겠어."
>
> "난 이 일을 잘 못해낼 거 같아. 경험도 부족하고 능력도 안 돼."

없음에 집중하는 사람들은 자신뿐 아니라 타인의 성공도 깎
아내린다.

> "그거 네가 운이 좋아서 된 거야. 솔직히 네 실력이 그 정도
> 는 아니잖아?"

셋째, '조급함'이다. 조급함은 빠른 결과를 얻으려는 마음에서
비롯되지만, 역설적이게도 우리 인생의 가장 중대한 실수는 이
조급함 때문에 일어난다. 이런 사람은 판단력을 흐리게 하여 즉
흥적이고 성급하게 행동하게 만들기 때문이다.

> "23살짜리가 이걸로 월 1억을 벌었대. 3개월만 하면 된다니
> 까 너도 이거 해봐."
> "그 나이면 벌써 애가 둘은 있어야지. 만나는 사람 있으면
> 이것저것 따지지 말고 바로 결혼해."
> "그런 수익률로 언제 부자 될래? 이건 일생에 한 번 올까 말
> 까 한 기회야. 놓치면 너만 손해라고"

여기까지 읽고 주위에 몇몇 사람들이 떠올랐을 수 있다. 하지
만 에너지 뱀파이어를 멀리하라고 해서, 주위 사람들을 모두 밀
어내라는 뜻이 아니다. 다만, 그들이 뿜어내는 '부정 에너지'는

분명히 인식하고 끊어내야 한다.

예를 들어, 매사 부정적인 동료가 업무 시간에 와서 회사에 대해 불평한다면 "정말 힘들었겠네요. 그런데 제가 곧 미팅이 있어 바로 가봐야 할 것 같습니다."라며 대화를 적절하게 마무리할 필요가 있다.

마지막으로 나 역시 누군가에게 에너지 뱀파이어가 될 수 있음을 인정하자. 스스로 부정적인 에너지를 내뿜지는 않았는지 돌아보고, 나와 주변의 부정적인 에너지의 고리를 지금 이 순간 끊어내자.

나쁜 습관과
건강하게 이별하는 법

　시계는 자정을 넘었다. TV 프로그램에 맛있는 치킨이 나오는 걸 보니, 갑자기 출출해진다. 애써 참아보려 했지만, 바삭한 소리와 달콤 짭짤한 양념 냄새가 상상 속에서 더욱 선명해질 뿐이었다.

　'안 돼, 참아야 해. 치킨은 절대 안 돼. 지금 다이어트 중이잖아.'

　생각을 하면 할수록, 머릿속은 온통 치킨으로 가득 찬다. 배달 어플을 껐다 컸다 하길 수차례, 나도 모르는 사이 이미 주문 버튼을 누르고 만다. "그래 딱 한 번이야."라며 맛있게 먹었지만, 죄책감이 가득 한 채 잠이 든다.

　야식, 흡연, 음주, 게임 중독, 과소비 등 누구에게나 매년 끊어야겠다고 생각하지만 끊지 못하는 나쁜 습관이 하나쯤 있다. 왜 나쁜 습관은 자꾸 우리를 따라다닐까? 보통 이런 나쁜 습관의 경우, '야식을 먹지 않겠다.', '담배를 피우지 않겠다.', '술을 먹지 않겠다.', '게임을 하지 않겠다.'처럼 '하지 않겠다.'라는 다짐으로 시작된다. 그러나 '하지 않겠다'라고 다짐하는 순간 그 습관을 끊는 건 거의 불가능에 가깝다. 물론 며칠 정도는 '안 하겠다'라는 목표를 잘 지킬 수 있을 것이다. 하지만 일주일도 안 되어서 다시 예전 습관으로 돌아갈 수밖에 없다. 금지하려는 행동에 초점을 맞추면 오히려 해당 행동에 대한 집착이 증가되기 때문이다.

심리학자 대니얼 베그너(Daniel Wegner)에 따르면, 어떤 것을 '생각하지 말라'고 하면, 뇌는 이를 억제하려는 과정에서 오히려 그 생각에 더 집중하게 된다. 예를 들어, 하얀 곰을 떠올리지 말라고 하면 오히려 하얀 곰이 더 떠오르게 되는 것이다. 이는 억제하려는 생각을 감시하는 과정에서 뇌가 그 생각을 지속적으로 활성화하기 때문이다. 따라서 금연 시 '담배를 피우지 말자'라고 생각하면 오히려 담배에 대한 욕구가 더 커지는 것이다.

그렇다면 어떻게 해야 나쁜 습관과 건강하게 이별할 수 있을까? 아주 간단하다. '안 하겠다'에서 '하겠다'로 바꾸기만 하면 된다! '담배를 피우지 않겠다.' 대신 '담배 대신 껌을 씹겠다.'처럼 긍정적인 대안을 제시하면 억제 과정 없이 목표에 집중할 수 있다.

내 남편은 탄산음료를 거의 물처럼 마시던 사람이었다. 식사를 마친 후에 사이다나 콜라를 한 컵 마셔줘야 소화가 된다고 했다. 탄산음료에는 설탕이 가득 들어있고 많이 마시면 몸에 좋지 않다는 사실을 누구나 알고 있지만, 오랫동안 습관이 되어버린 터라 이를 버리기가 쉽지 않았다. 내가 "탄산 먹지 마"라고 말하면 말할수록 남편은 더 먹고 싶어 했다. 그러던 어느 날, 마트에서 우연히 탄산수를 파는 것을 보았다. 탄산수를 보자마자 "아! 이거다" 싶어 그 자리에서 한 박스를 사왔다. 그리고 남편이 탄산음료를 먹고 싶어 할 때마다, 탄산수를 하나씩 건넸다. '탄산음료를 먹지 않겠다.' 대신 '탄산음료가 먹고 싶을 때마다 탄산수를 한 잔씩 먹겠다.'라고 행동 목표를 바꾼 것이다. 그 덕분에 남편은 하루에도 몇 잔씩 탄산음료를 먹던 나쁜 습관을 매우 쉽게 끊어낼 수 있었다.

우리 뇌는 "하지 말라"라는 금지보다 "무엇을 하라"라는 구체적인 계획에 더 잘 반응한다. '하지 말라'고 했을 경우, 대체 행동에 대한 구체적 지시가 없어 실행에 어려움을 겪기 때문이다. 즉, 나쁜 습관을 없애려면 단순히 거부하는 것이 아니라, 그 자리를 대체할 새로운 행동을 채워줘야 한다. 예를 들어, "화를 내지 않겠다."라는 막연한 목표는 실행 방법이 없어 실패로 끝날 가능성이 높다. 반면 "화가 나면 방에 들어가서 심호흡을 하겠다."라는 구체적 행동 계획은 실행으로 이어질 가능성이 높다.

예시)

- 치킨을 먹지 않겠다. → 밤에 야식으로 치킨이 생각날 때는 닭가슴살 소시지를 먹겠다.
- 아침에 일어나서 휴대폰을 보지 않겠다. → 아침에 일어나자마자 하루의 우선순위를 계획하겠다.
- 과자를 먹지 않겠다. → 입이 심심할 때는 과자 대신 견과류 한 줌을 먹겠다.
- 돈을 낭비하지 않겠다. → 매달 30만 원을 저축하겠다.
- 부정적인 생각을 하지 않겠다. → 매일 감사 일기 5개를 쓰겠다.

위 다양한 사례를 보면서 올해 내가 제거하고 싶은 나쁜 습관을 하나 정해 보자. 그리고 '하겠다.' 계획을 활용하여 긍정적인 행동 목표로 바꿔보자.

<'하겠다' 계획을 세울 때 유의할 점 >

1. 구체적인 행동을 목표로 설정
   - '만약 X면, Y 하겠다.'처럼 어떤 조건이나 상황에서 내가 무슨 행동을 할 것인지 명확히 계획하자.
2. 작고 실현 가능한 행동부터 시작
   - 작은 성공은 자신감을 키운다. 처음부터 큰 변화를 기대

하기보다, 작고 실행 가능한 행동부터 시작하자.

3. 나에게 맞는 대안 찾기

- 다른 사람에게 효과적인 방법이 나에게는 효과가 없을 수 있으니, 자신에게 가장 현실적이고 흥미로운 대안을 선택하자.

나쁜 습관과의 이별은 단순히 뭔가를 멈추는 행위가 아니다. 그것은 내 삶을 채울 더 나은 선택을 시작하는 과정이다. 중요한 것은 '하지 않겠다.'라고 제한하거나 억지로 참기보다는, '무엇을 하겠다.'라는 구체적이고 긍정적인 계획이다. 작은 변화도 충분하다. 오늘 하루 한 가지라도 새로운 행동을 선택해보자. 예를 들어, 늦은 밤에 스마트폰을 보지 않겠다고 다짐하기보다 '밤 10시부터는 좋아하는 책을 읽는 시간을 갖겠다.'처럼 더 나은 선택으로 하루를 채울 수 있다. 오늘부터 무엇을 하지 않을지 고민하기보다, 무엇을 하며 살고 싶은지에 집중해 보자.

스스로를 무너뜨리는
작은 목소리를 주의하라

윌마 루돌프는 1940년대 미국 테네시주의 가난한 흑인 가정에서 태어났다. 그녀는 22남매 중 20번째로 태어났고, 가족의 생활은 몹시 어려웠다. 태어나서 얼마 지나지 않아 윌마는 폐렴과 성홍열에 걸렸고, 이후 소아마비로 인해 왼쪽 다리가 마비되었다. 당시 의학적 치료를 받을 여건이 없던 그녀는 절망적인 상황에 놓였다. 의사들은 윌마가 평생 걷지 못할 것이라고 예언했다. 그러나 그녀의 어머니 블랜치 루돌프는 윌마를 포기하지 않았다. 어머니는 딸에게 이렇게 말했다.

"윌마, 네가 포기하지 않는 한, 무엇이든 가능하단다. 우리는 함께 노력할 거야."

매일같이 어머니와 형제들은 윌마의 다리를 마사지하며 재활

치료를 도왔다. 마을 병원이 흑인을 받지 않던 시절, 어머니는 80km 떨어진 병원을 매주 데리고 다니며 치료를 받게 했다. 그 과정에서 윌마는 단순히 걷는 연습을 넘어 자신의 마음속 깊이 다짐을 새겼다.

"나는 해낼 거야. 내 다리는 반드시 움직일 거야."

10살이 되었을 때, 윌마는 마침내 철제 보조기를 벗고 걷기 시작했다. 하지만 그녀는 여기서 멈추지 않았다. 그녀는 뛰고 싶었다. 형제들이 밖에서 뛰어노는 모습을 보며 그녀는 더 강하게 다짐했다.

"내가 할 수 없는 일은 없어. 나는 반드시 달릴 거야."

윌마는 중학교에 입학하면서부터 농구와 육상에 뛰어들었다. 처음에는 다른 학생들과 비교할 때 너무 느렸지만, 포기하지 않았다. 연습을 거듭하며 그녀는 점점 더 빨라졌고, 결국 테네시 주립대의 육상 코치 에드 템플의 눈에 띄었다. 코치는 윌마에게 가능성을 발견했고, 그녀를 대학 팀으로 초대했다. 윌마는 단순한 선수가 아니었다. 그녀는 매일 자신에게 이렇게 말했다.

"넌 할 수 있어. 네가 믿으면 무엇이든 가능해."

그녀의 꾸준한 연습과 긍정적인 태도는 결국 기적을 불러왔다. 1960년, 윌마 루돌프는 미국 대표팀으로 로마 올림픽에 출전했다. 그녀는 100m, 200m, 400m 계주에서 금메달을 모두 휩쓸며 역사의 새로운 장을 열었다. 다리가 마비되었던 소녀가 이제 세계에서 가장 빠른 여성이 된 것이다. 윌마는 흑인 여성으로서 올림픽에서 세 개의 금메달을 딴 최초의 선수가 되었다.

경기 후 기자가 그녀에게 성공의 비결을 묻자, 그녀는 이렇게 말했다.

"나는 어릴 적부터 사람들에게 '넌 못 해'라는 말을 들으며 자랐어요. 하지만 그때마다 저 자신에게 이렇게 말했죠. '윌마, 넌 할 수 있어. 넌 꼭 해낼 거야.' 그것이 나를 여기까지 오게 했어요."

윌마는 끊임없이 자신의 가능성을 믿으며 스스로를 격려했다. 이렇듯 삶의 어떤 어려움에 직면하더라도 자신을 향해 건네는 밝은 말은 그에 합당한 에너지도 함께 끌어당긴다.

그러나 윌마의 사례와는 반대로 현실에서 많은 사람들이 "난 무능해", "난 해낼 수 없어", "다른 사람들이 나보다 훨씬 낫지"와 같은 부정적인 자기 대화를 반복하며 스스로를 낮게 평가한다. 이 말들은 단순한 생각으로 끝나지 않는다. 부정적인 자기 대화는 자아상을 형성하고, 우리의 행동과 성과를 제약하는 틀로 작용한다.

사람은 자신이 생각하는 자신, 즉 자아상(self-image)에 따라 삶을 살아간다. 자아상은 우리가 스스로를 어떻게 정의하는지, 어떤 능력을 가졌다고 믿는지에 따라 형성된다. 중요한 점은 우리의 행동과 결정, 나아가 삶의 방향이 이 자아상을 중심으로 이루어진다는 것이다. 문제는 많은 사람들이 자신의 자아상을 스스로 낮게 설정하고, 그 한계를 넘지 못한 채 평생을 살아간다는 데 있다. 심리학에서 말하는 자기 충족 예언처럼, "난 못해"라고 믿으면 실제로도 못하게 되는 것이다. 이러한 믿음은 도전 자체를 포기하게 만들고, 실패를 두려워하며 자신의 가능성을 스스로 제한하게 한다. 이런 경험이 쌓이면 결국 다시 자신에 대한 부정적인 믿음을 강화하게 된다.

자아상은 우리의 행동반경을 결정짓는 보이지 않는 울타리다. 한 사람이 스스로를 무능하다고 여긴다면, 그 사람은 무언가를 시도하는 과정에서 끊임없이 스스로를 방해하게 된다. 예를 들어, "나는 발표를 못해"라고 믿는 사람은 발표를 연습할 기회조차 회피하며, 실제 발표에서 실패를 경험하고 자신의 믿음을 더욱 강화하게 된다. 사람은 자신이 설정한 자아상의 한계를 절대 넘을 수 없다. 마치 물이 담긴 그릇이 그릇의 크기를 넘어서지 못하는 것처럼, 우리의 삶도 스스로 그린 자아상의 경계를 벗어나지 못한다.

삶의 어려움 속에서 스스로를 비하하거나 낮게 평가하는 것은 자연스러운 감정일 수 있다. 하지만 중요한 것은 그 믿음이 우리의 삶을 결정짓는 틀이 되어서는 안 된다는 점이다. 지그 지글러는 "사람은 자신의 관점과 일치하지 않는 행동을 할 수 없다. 자신을 부정적으로 보는 사람은 긍정적인 일을 절대 하지 못한다."라고 말했다. 스스로에게 "나는 가치가 없다"라고 밀하는 순간, 그 믿음은 행동으로 나타나고 현실로 굳어진다.

그렇다면 부정적인 자아상을 어떻게 바꿀 수 있을까? 무엇보다 스스로를 무너뜨리는 작은 목소리를 주의해야 한다. 지금부터라도 부정적인 자기 대화는 당장 멈추자. 스스로를 비난하는 말을 자각하고, "왜 이렇게 못했지?" 대신 "다음엔 더 잘할 수 있어"라고 말의 방향을 바꿔보자. 그리고 스스로에게 긍정적인 말을 건네라. 다른 누구보다 자신에게 친절할 필요가 있다. 스스로를 위해 "나는 가치 있는 사람이다", "나는 성장할 수 있다" 같은 긍정적인 말을 매일 반복해보자. 처음에는 어색하더라도, 이 말이 자아상을 바꾸는 첫 단계가 된다. 그다음, 작은 성공을 통해 해낼 수 있다는 믿음을 키우자. 자신이 잘할 수 있는 작은 일에 도전하고, 이를 성취해보라. 3~4번의 성공 경험이 쌓이면 이는 자신에 대한 긍정적인 신념으로 자리 잡을 수 있다.

우리의 자아상은 자신에 대한 믿음과 생각, 그리고 매일 반복하는 말들로 형성된다. 부정적인 자아상은 마치 우리 안에 숨어있는 에너지 도둑과 같다. 이 도둑은 우리에게 "넌 못 해", "넌 부족해"라는 부정적인 말을 속삭이며, 스스로를 낮게 평가하도록 만든다. 이런 부정적인 자아상이야말로 삶의 가능성을 빼앗아가는 가장 위험한 적이다. 사람은 자신의 자아상을 넘어서 살아갈 수 없다. 하지만 다행히도, 자아상 자체를 변화시키는 것은 가능하다. 긍정적인 자기 대화와 새로운 경험을 통해 당신의 자아상을 재구성하라. 스스로를 긍정적으로 바라보기 시작하는 순간, 부정적인 자아상이 사라지고 에너지는 돌아올 것이다. 당신의 가능성은 무한하다. 스스로의 한계를 허물고, 더 큰 가능성을 향해 나아가라.

어떤 꿈이든 이루기 위해서는 준비된 도구가 필요하다. 내가 성장하지 않으면, 더 큰 목표는 결국 도달할 수 없는 꿈에 머물게 된다. 나 자신에 대한 투자는 목표를 실현하는 데 필요한 무기를 준비하는 과정이다. 톨스토이는 이런 말을 했다. "모든 사람들이 세상을 바꾸겠다고 생각하지만, 어느 누구도 자기 자신을 바꿀 생각은 하지 않는다." 자기 자신을 변화시키고 성장시키는 것이야말로 세상을 바꾸는 시작이다. 부동산, 주식, 혹은 다른 투자처를 찾고 있는 당신에게 전하고 싶다. 당신이 고려하지 않았던 최고의 투자처, 바로 '당신 자신'이 있다는 것을.

Chapter.4

에너지를
잘 쓰는 사람들의
1% 비밀

최고 수익률을 보장하는
절대 불변의 투자 원칙

: 나 자신의 성장에 투자하라

"만약 주식을 딱 하나만 골라 몰빵해야 한다면 어떤 종목을 고르실 건가요?"

2022년 버크셔 해서웨이 주주총회에서 12살 소녀가 당찬 질문을 하나 던졌다. 아마 많은 사람들이 워런 버핏에게 공통적으로 물어보고 싶었던 질문일 것이다. 여러 사람들이 그가 어떤 종목을 추천해줄지 궁금해하며 그의 대답을 기다렸다. 워런버핏은 소녀에게 그가 생각하는 '최고의 투자처'를 알려주었다.

"특정 종목과 관련된 말씀을 드릴 수도 있겠지만, 학생에게 최선은 어떤 일을 특출나게 잘하는 겁니다. 동네에서 최고의 의사가 되든지, 동네에서 최고의 변호사가 되든지 뭐가 됐든 최고가 될 수 있다면 사람들은 학생에게 막대한 돈을 지불할 겁니다. 만약 학생이 한 분야의 최고가 된다면 학생의 그 능력은 누구도 뺏어가지 못합니다. 학생의 능력은 사라지지 않습니다. 따라서 최고의 투자라면 단연코 스스로를 성장시키는 것입니다. 그리고 이건 세금도 안 붙잖아요. 저라면 그렇게 하겠습니다."*

사람들은 종종 주식이나 부동산을 통해 수익률을 기대하지만, 그 어떤 외부 투자도 나 자신에 대한 투자만큼 안전하고 확실한 보상을 제공하지 않는다. 세계에서 가장 성공적인 투자자 중 한 명인 워런버핏이 '자신의 능력을 키우는 것은 결코 감가 상각되지 않는 최고의 투자'라고 말한 것처럼, 나 자신을 성장시키는 것이야말로 가장 성공적인 투자 원칙이다. 실제로 워런 버핏은 본인 삶에서 가장 위대했던 투자는 스무 살 때 들었던 데일 카네기의 공개연설 강좌라고 말한 바 있다.

부동산 가격은 시장의 흐름에 따라 오르기도 하고 내리기도 하며, 주식은 기업의 외부 요인에 의해 급격히 변동된다. 하지만 내 지식과 능력, 그리고 성장의 결과물은 내가 노력한 만큼 정직

---

* 영상 출처: CNBC TV, https://www.youtube.com/watch?v=NaX-bjJn-AE&t=0s

하게 축적되며, 누구도 가져갈 수 없는 자산으로 남는다.

나는 사회 초년생 시절 월급의 40~50%를 나의 성장에 투자했다. 맡은 업무를 더 제대로 해내기 위해서 도움이 되는 강의가 있다면 그 강의가 얼마인지 상관없이 무조건 수강했다. 사회생활을 시작하고 3년 동안 쓴 강의비와 책값만 해도 1년 연봉을 훌쩍 넘을 것이다. 나는 아무리 바쁘더라도 매달 10권 정도의 책을 사서 읽었다. 좋은 책이 있으면 바로 읽지 못하더라도 무조건 사두고, 시간이 될 때마다 닥치는 대로 읽었다. 누군가는 그 돈을 아껴서 저축해야 한다고 할 수도 있지만, 나는 이 투자 덕분에 짧은 기간 더 높은 연봉과 더 많은 기회를 얻을 수 있었다. 내 몸값을 올리기 위해 나의 재정, 시간, 에너지, 집중력이라는 자원을 전략적으로 쏟아부었다.

나 자신에 대한 투자는 복리의 원리와 비슷하다. 한 번 배운 기술이나 지식은 시간이 지나면서 다른 능력과 융합되고, 새로운 기회를 만들어낸다. 이러한 성장에 따른 연쇄작용은 평생 동안 우리에게 영향을 미친다. 사회초년생 시절부터 이어진 이런 투자는 단순히 책이나 강연에 돈을 쓰는 것이 아니었다. 그것은 내 미래에 대한 자신감과 가능성에 투자하는 일이었다. 지금도 이러한 원칙은 변함이 없다. 대부분의 사람들은 외부 환경이나 타인의 결정에 의해 삶이 좌우된다. 그러나 나 자신에게 투자하는 사람은 삶의 주도권을 스스로 쥐고 있다. 새로운 기술을 배우고, 지식을 쌓으며, 긍정적인 네트워크를 확장하는 것은 내 선택과 가능성을 넓혀준다.

아놀드 슈워제네거는 오스트리아 출신으로, 보디빌딩 챔피언, 할리우드 배우, 사업가, 그리고 캘리포니아 주지사까지 다양한 분야에서 성공을 이룬 인물이다. 한 사람이 하나만 이루기에도 어려운 이 업적들을 그는 어떻게 모두 이룰 수 있었을까? 슈워제네거는 15세에 보디빌딩을 시작하여 매일 5~6시간의 훈련을 통해 20세에 최연소로 미스터 올림피아 타이틀을 획득했다. 이후 총 7회의 미스터 올림피아 우승을 기록하며 보디빌딩계의 전설로 자리매김했다. 보디빌딩에서의 성공 이후, 그는 할리우드에 도전했다. 많은 사람들이 "넌 안 돼"라고 비난했지만, 이에 굴하지 않고 그는 할리우드에 진출하기 위해 영어 발음 교정과 연기, 스피치 수업을 받았다. 이런 노력을 바탕으로 그는 '터미네이터' 시리즈 주연을 맡아 세계적인 스타로 발돋움했다. 여기서 그치지 않고 그는 2003년에는 캘리포니아 주지사로 선출되어 2011년까지 재임했다. 정치라는 새로운 도전을 위해 그는 미국 시민권을 취득하고, 정치학과 경제학을 공부하며 정책 이해도를 높였다.

"'Be Useful'은 아버지가 내게 해준 최고의 조언이다. 처음부터 강렬하게 와 닿아 늘 가슴속에 간직해왔던 말이다. 내가 어떤 결정을 내릴 때마다 원동력이 된 것이 '쓸모'였고, 그 결정에 사용한 도구를 정리해준 것도 쓸모였다. 보디빌딩 챔피언, 백만장자, 정치인이 되는 것 모두 내 목표였지만, 그렇게 되기 위한 진짜 동기는 쓸모 있는 사람이 되는 것이었다."[**]

- 아놀드 슈워제네거

그는 '쓸모'있는 사람이 되기 위해 끊임없는 자기 혁신을 통해 시대의 변화에 적응하고 새로운 성공을 이뤄냈다. 자신에 대해 아낌없이 투자함으로 스스로를 '재발명'해낸 것이다. 현대 사회는 놀랄 만큼 빠른 속도로 급변하고 있다. 기술은 빠르게 발전하고, 경제는 흔들리며, 우리가 알고 있던 안정적인 직업조차 더 이상 안전하지 않을 수 있다. 하지만 한 가지 확실한 것은, 스스로를 성장시킨 사람은 어떤 변화에도 적응할 수 있다는 것이다. 많은 사람들이 불확실성 속에서 흔들리는 이유는 자신만의 무기가 부족하기 때문이다. 반면, 나를 성장시키는 데 투자한 사람은 변화의 물결 속에서도 항상 배운 것을 활용하여 새로운 기회를 찾는다.

어떤 꿈이든 이루기 위해서는 준비된 도구가 필요하다. 내가 성장하지 않으면, 더 큰 목표는 결국 도달할 수 없는 꿈에 머물

[**] 아놀드 슈워제네거, 정지현, 《나는 포기를 모른다》, 현대지성, 2024.

게 된다. 나 자신에 대한 투자는 목표를 실현하는 데 필요한 무기를 준비하는 과정이다. 톨스토이는 이런 말을 했다. "모든 사람들이 세상을 바꾸겠다고 생각하지만, 어느 누구도 자기 자신을 바꿀 생각은 하지 않는다." 자기 자신을 변화시키고 성장시키는 것이야말로 세상을 바꾸는 시작이다. 부동산, 주식, 혹은 다른 투자처를 찾고 있는 당신에게 전하고 싶다. 당신이 고려하지 않았던 최고의 투자처, 바로 '당신 자신'이 있다는 것을.

LOW				HIGH

▲

'브레인 덤프'로
뇌에 여유 공간을 확보해라

해야 할 일이 머릿속을 가득 채우고 있는데도, 어디서부터 시작해야 할지 몰라 멍하니 있어 본 적이 있는가?

우리 머릿속은 생각과 정보로 가득 차 있다. 해야 할 일을 기억하고, 사람들과의 약속을 떠올리고, 창의적인 아이디어까지 구상하려고 애쓴다. 중요한 거래처 미팅을 준비하는 동시에, 딸아이 생일 선물과 점심 식사 메뉴를 고민하기도 한다. 하지만 이 모든 걸 머릿속에 담아 두면 어떤 일이 벌어질까? 스트레스가 증가하고, 효율은 떨어지고, 중요한 일을 놓치기에 십상이다.

아침, 저녁 일정한 시간에 '브레인 덤프'하자

브레인 덤프(Brain Dump)란 머릿속에 떠오르는 모든 생각, 해야 할 일, 아이디어 등을 외부에 적는 것을 말한다. 하루의 시작 또는 끝에 10분만 시간을 내어 머릿속을 복잡하게 하는 모든 것을 종이에 적어보자. (도구는 무엇이든 상관없다.)

ex) 월간보고 준비, 팀 회식 장소 예약, 친구 생일 축하 문자 보내기, 이불 빨래, 영유아 검진 예약…

이렇게 머릿속에 계속 떠오르는 것들을 적는 것만으로, 뇌가 이를 기억하려는 부담에서 해방된다.

우리 뇌는 어떤 작업이 완료되지 않았을 때 계속 그 작업을 처리하려고 에너지를 소모한다. 이때 미완료된 작업이나 떠오르는 생각을 기록하면, 뇌는 '기억할 필요가 없다'라고 인식하고 에너지 소비를 줄인다. 예를 들어, 머릿속에 '비행기표 예약' 생각이 계속 떠오를 때, 이를 종이에 적어두면 뇌는 해당 항목을 '임시저장' 상태로 두고 다른 작업에 집중할 수 있게 되는 것이다.

브레인 덤프를 3가지 항목으로 분류하자

브레인 덤프를 한 뒤, 적힌 항목을 크게 3가지로 분류해보자.

1. 5분 안에 끝나는 간단한 일 → 즉시 처리하고 항목에서 지워버린다.

2. 굳이 하지 않아도 되는 일 → 지우고 잊어버린다.

3. 급하고 중요한 일 → 집중해서 처리할 시간을 정한다.

1번과 2번을 머릿속에서 지우는 것만으로도 가장 중요한 3번에 집중할 에너지를 확보할 수 있다. 단, 1번 항목이 많다면, 가장 중요한 일을 먼저 하고 집중력이 떨어졌을 때 한 번에 몰아서 처리하자.

자잘한 일 때문에 집중력이 흐려질 때, '미니 브레인 덤프' 타임

업무를 할 때 중요한 업무 외에도 자잘하게 처리해야 하는 일들이 있다. 개인적인 일들도 불쑥 떠올라 일의 몰입을 방해하기도 한다. 이렇게 해야 할 일이 문득 떠오를 때마다 그 일로 빠지면, 정작 중요한 일에 집중하지 못하고 산만해진다. 이때 '미니 브레인 덤프'를 하면, 진행하고 있던 일에 대해 몰입을 유지할 수 있다.

나는 회사 책상에도 집의 부엌 아일랜드 장에도 항상 노트와 펜을 둔다. 길을 가거나 종이에 쓸 상황이 안 될 때는 카카오톡 나에게 보내기 기능을 활용하여 적어둔다. 이렇게 하면 계속 내 머릿속을 방해하는 잡동사니나 문득 떠오르는 투두(To-do)의 홍수로부터 벗어나 지금 하는 일에 집중할 수 있게 된다.

브레인 덤프로 업무 스위치 끄는 법

"다음 주 발표 준비 어떻게 하지?", "아, 거래처에 메일 답장
을 안 보냈네."

퇴근 후에도 머릿속에 업무가 떠나지 않는 경험, 한 번쯤 해본
적이 있을 것이다. 그러나 이것이 반복되면 피로가 쉽게 회복되
지 못하고, 악순환에 빠지게 된다. 아무리 몸이 쉬어도 머릿속이
업무로 가득 차 있다면, 가족과 보내는 시간에 온전히 집중하지
못하고 진정한 휴식을 취할 수도 없다.

퇴근 전 20분을 활용해 오늘 마무리하지 못한 일을 피드백하
고, 내일 해야 할 일을 적어보자. 마찬가지로 3가지 항목으로 분
류한 뒤, 내일 출근할 때까지 완전히 잊어버린다.

1. **5분 안에 끝나는 간단한 일 → 즉시 처리하고 항목에서 지워버린**
   다.

   ex) 인사팀에 ○○자료 전달, 내일 팀 회식 장소 예약, 미팅
   일정 조율 - 퇴근 전에 미리 처리한다.

2. **굳이 내가 하지 않아도 되는 일 → 위임하거나 없앤다.**

3. **급하고 중요한 일 → 집중해서 처리할 시간을 정한다.**

   ex) 내년도 연간사업계획서 작성 - 가장 중요한 업무니까

내일 9시부터 12시까지는 이 업무에만 집중해야겠다.

이렇게 브레인 덤프를 활용해 머릿속에 업무 생각을 완전히 비우자. 충분히 재충전의 시간을 갖고, 다음 날 미리 적어둔 업무 리스트를 확인하며 차분히 업무를 시작하면 된다.

중요한 일부터
에너지를 쏟아라

핵심 도미노를 찾아라

현대사회는 수많은 업무와 선택지로 가득 차 있지만, 진짜 성과는 중요한 일을 제대로 선택하고 거기에 에너지를 쏟는 사람들에게만 돌아간다. 그렇다면 우리는 어떤 '선택'을 해야 할까?

게리 켈러와 제이 파파산의 저서 《원씽》에는 '핵심 도미노'라는 개념이 나온다. 핵심 도미노란, 이를 해결하면 다른 많은 문제가 자연스럽게 해결되거나 더 쉬워지는 단 하나의 중요한 과제를 뜻한다. 마치 작은 도미노 하나를 쓰러뜨려 연쇄적으로 더 큰 도미노를 넘어뜨리는 것처럼, 핵심 도미노는 큰 변화를 만들어내는 시작점이다. 핵심 도미노를 찾으려면 먼저 "내가 지금 할 수 있는 가장 중요한 한 가지는 무엇인가?"라는 질문을 던져야 한다. 이 질문은 우리의 초점을 흐릿한 일상에서 벗어나 본질적인 목표로 이동시킨다.

넷플릭스의 CEO 리드 헤이스팅스는 "디지털 스트리밍에 집중하라"는 단 하나의 핵심 도미노를 정했다. 당시 DVD 대여 서비스가 주요 수익원이었지만, 그는 디지털 스트리밍이 미래 산업의 중심이 될 것임을 간파하고 모든 자원을 이에 집중했다. 이 결정은 넷플릭스를 글로벌 엔터테인먼트 기업으로 탈바꿈시키는 계기가 되었다. 이렇게 설정된 핵심 도미노는 그의 모든 결정과 행동의 기준이 되었고, 결국 연쇄적인 혁신을 이끌어냈다. 핵심 도미노를 찾는 것은 단순히 해야 할 일을 줄이는 것이 아니라, 나머지 모든 것을 더 쉽게 만들거나 불필요하게 만드는 데 있다.

핵심 도미노를 찾을 때 가장 먼저 이 질문을 던져보자.

"내가 지금 해야 할 일 중에서 가장 중요한 한 가지는 무엇인가?"

이 질문은 단순하지만 강력하다. 우리는 종종 수많은 일과 선택지 속에서 헤매지만, 이 질문은 모든 에너지를 가장 중요한 한 가지로 집중하게 만든다. 추가로 아래 질문을 통해 내가 정한 목표가 핵심 도미노가 맞는지 점검해보자.

- 내가 지금 해야 할 일 중에서 가장 중요한 한 가지는 무엇인가?
- 이 목표가 내 삶이나 업무에서 왜 중요한가?
- 이 목표를 이루면 내 인생(혹은 커리어)에 어떤 변화가 생길까?
- 이 일은 다른 많은 일들을 더 쉽게 만들거나 해결되게 만드는가?
- 지금 이 순간, 나의 에너지를 가장 가치 있게 사용할 수 있는 일은 무엇인가?

많은 사람들이 "무엇을 이루겠다"라는 결과 중심의 목표만 세우지만, 중요한 것은 결과를 이루기 위한 구체적인 행동 목표다. 행동 목표는 오늘 할 수 있는 일에 집중하도록 돕는다. 예를 들어, "올해 매출을 30% 늘리겠다."라는 결과 목표를 위해 이 목표를 매일 100번 넘게 소리쳐 외친다고 이 목표가 저절로 이루어지는 것은 아니다. 그에 맞는 행동을 해야 한다. 매출 30%를 향상시키기 위한 여러 행동 중에서 가장 결정적인 영향을 미치는 '핵심 행동'을 정한다. 예를 들면, "매일 10명의 잠재 고객에게 연락을 취한다."라는 행동 목표를 세우는 것이다. 결과 목표는 장기적인 비전을 제시하지만, 실제로 이를 이루기 위해서는 매일 무엇을 해야 하는지가 명확해야 한다. 행동 목표를 구체적으로 설정하고 매일 실천한다면, 큰 목표는 자연스럽게 이루어진다.

▼ 행동 목표를 세울 때 도움이 되는 질문

- 이 행동이 목표에 얼마나 가까워지게 할 것인가?
- 이 목표를 달성하기 위해 가장 먼저 해야 할 행동은 무엇인가?
- 내가 실행 가능한 수준으로 구체화한 행동인가?
- 이 행동이 내가 가진 시간과 자원 내에서 가능한가?
- 내가 이 행동을 꾸준히 유지하기 위해 필요한 조건은 무엇인가?

골든타임 3시간을 반드시 확보해라

하루 24시간이 주어지지만, 그 시간 동안 우리가 항상 최고 수준의 집중력과 생산성을 유지할 수 있는 것은 아니다. 중요한 것은 에너지가 가장 좋은 시간대를 어떻게 활용하느냐이다. 에너지를 잘 쓰는 사람들은 하루 중 가장 집중력이 높은 시간대를 전략적으로 보호하고, 이 시간에 가장 중요한 일을 처리한다. 이렇게 하루 중 가장 집중력이 높고 생산성이 극대화되는 시간을 '골든타임'이라고 한다. 이 골든타임은 사람마다 다르며, 당신이 아침형 인간이든 저녁형 인간이든 상관없이 중요한 것은 자신만의 골든타임을 의도적으로 확보하는 것이다.

최소한 매일 3시간의 골든타임을 반드시 확보하자. 이 시간 동안에는 이메일 확인, 잡다한 회의, 채팅 알림 같은 방해 요소들을 모두 차단해야 한다. 그 시간만큼은 오롯이 한 가지 중요한 일에 몰입해야 한다. 설령 회의나 다른 요청 사항이 많더라도, 가장 중요한 일부터 처리한 후에 대처해도 늦지 않다. 이렇게 하면 하루의 나머지 시간에 무엇을 하든, 이미 중요한 일을 처리했다는 자신감과 성취감이 생긴다. 하루 중 에너지가 가장 좋은 시간대에 중요한 일을 끝냈다면, 그 외의 시간은 비교적 여유롭게 흘러가도 된다. 하루의 성과를 결정짓는 것은 온종일 열심히 일하는 것이 아니라, 가장 중요한 시간에 무엇을 했는가에 달려 있다. 이 시간을 아무렇지 않게 흘려보낸다면 하루를 아무리 열심히 살아도 의미 있는 결과물을 만들기 어려워진다.

자신과의 약속을 반드시 지켜라

핵심 도미노를 찾고 골든타임을 확보했다면, 이제 이 시간을 반드시 사수해야 한다. 우리는 다른 사람과의 약속은 철저히 지키면서도, 정작 자신에게 한 약속은 쉽게 미뤄버리곤 한다. 그러나 이는 우리의 동기를 약화시키고, 나아가 중요한 목표에서 멀어지게 만든다. 스티브 잡스는 중요한 프로젝트에 몰두할 때 외부와의 소통을 차단하고 자신만의 집중 시간을 지켰다. 그는 이 시간을 "내가 세상과 단절되고 진정으로 창의적인 에너지를 발휘하는 시간"이라고 표현했다. 이렇게 자신과의 약속을 지키는 태도는 애플을 세계적인 혁신 기업으로 이끄는 원동력이 되었다. 골든타임은 당신의 인생에서 가장 중요한 역사가 일어나는 시간이다. 이 시간을 절대 소홀히 하지 말자. 골든타임을 사수하겠다는 약속은 자신의 삶을 주도적으로 설계하고, 목표를 이루기 위한 핵심 태도다.

자발적 데드라인을 활용해
미리 끝내라

미루기 습관을 연구하는 연세대학교 심리학과 이동귀 교수님은 학생들에게 과제를 내고 제출하는 시간을 지켜보았다고 한다. 과제 마감일 12시가 지나면 프로그램상 제출을 할 수 없고, 바로 0점 처리가 된다고 미리 공지도 했다. 이런 경우 학생들은 언제 과제를 많이 낼까? 그중 언제 과제를 내는 학생의 성적이 가장 좋을까? 대부분의 학생들은 제출 마감일 밤 11시 50분에 과제를 내기 시작했다고 한다. 그중 1/3은 제출 마감을 3분 남기고 11시 57분에 제출했다. 또 상당수 학생들은 심지어 11시 59분에 가까스로 내기도 했다. 혹시라도 잘못 누르면 0점 처리인데도 불구하고 마지막 순간까지 미룬 것이다. 이와 대조적으로 가장 성적이 좋은 학생들은 과제 제출 마감 전날에 미리 과제를

낸 학생들이었다고 한다.

우리는 데드라인을 흔히 외부에서 정해진 강제적인 기한으로 생각한다. 그러나 데드라인은 내가 조정하고 활용할 수 있는 도구다. 많은 사람들이 데드라인이 다가오면 초조함과 긴장감 속에서 비효율적으로 일을 처리한다. 그러나 이를 반대로 생각해 보자. 만약 데드라인을 기다리는 대신, 내가 스스로 앞당긴다면 어떤 변화가 생길까? 단순히 작업 속도를 높이는 것이 아니라, 나만의 리듬과 계획에 맞춰 더 주도적으로 해낼 기회가 될 것이다.

우리 모두 한 번쯤 데드라인을 앞두고 허둥지둥했던 경험이 있을 것이다. 제출 기한을 며칠 앞두고 나서야 본격적으로 일을 시작하거나, 마감 시간이 다가와서야 급하게 작업을 끝내는 경우다. 하지만 이 방식은 비효율적일 뿐 아니라, 결과물의 질을 떨어뜨리고 심리적 스트레스를 극대화한다.

사람들은 종종 시간이 많으면 여유롭게 일을 끝낼 수 있을 것이라고 착각한다. 그러나 파킨슨 법칙에 따르면, "일은 주어진 시간이 모두 소진될 때까지 늘어난다." 예를 들어, 보고서를 작성하는 데 일주일이 주어졌다면, 실제로는 3일이면 끝낼 수 있는 일이더라도 나머지 시간을 채우기 위해 추가적으로 수정하거나 세세한 부분에 지나치게 집착하는 경우가 생긴다. 결국, 일의 완성도가 크게 달라지지 않음에도 불구하고 불필요하게 시간을 낭비하게 되는 것이다. 무한히 시간을 준다면 우리는 중요한 작업을 미루고, 결국 마감 직전까지 스트레스를 받으며 일을 마무리하게 된다.

이 문제를 해결하기 위한 강력한 전략 중 하나는 데드라인을 미리 앞당겨 설정하고, 실제 마감 기한 전에 일을 끝내는 것이다. 이를 '자발적 데드라인'이라고 한다. 자발적 데드라인을 설정하는 것은 단순히 시간을 단축하는 전략이 아니다. 이는 자신의 목표를 명확히 하고, 그 목표를 달성하기 위해 에너지를 집중하는 과정이다.

나는 금요일까지 끝내야 하는 프로젝트가 있으면, 수요일까지는 최대한 끝내려고 노력했다. 그렇게 하면 최종 마무리하기 전에 팀원이나 대표님과 미리 소통할 시간이 생기고, 내가 미처 보지 못한 부분을 피드백 받아 프로젝트 완성도를 높일 수 있다. 그리고 중요한 업무에 대해 절대 기한을 넘기지 않을 수 있다. 회사에서 일을 할 때, 일을 잘하는 것도 물론 중요하지만, 제때 마무리하는 것이 더 중요하다. 일을 맡겼을 때 제때 마무리하는 사람은 동료로부터 신뢰를 쌓을 수 있고, 마감일을 하루 이틀만 앞당겨도 매우 유능하다는 평가를 받을 수 있다.

업무뿐 아니라, 개인적인 일상에서도 자발적 데드라인을 활용할 수 있다. 예를 들어 어린이날이나 크리스마스, 가족의 생일같이 예상할 수 있는 기념일은 미리 준비할 수 있다. 일정이 닥

쳐서 준비하려면 배송이 늦게 올 경우도 생기고 부랴부랴 준비하느라 원하는 것을 사지 못할 경우도 있다. 이런 경우는 최소 2주 전에 미리 선물을 사두고 포장도 해놓고 편지까지 써두면 기념일에 분주함 없이 온전한 마음으로 축하할 수 있다. 어떤 예기치 못한 상황이 생기더라도 여유가 생긴다.

자발적 데드라인을 효과적으로 활용하려면 다음과 같은 방식으로 접근해야 한다.

첫째, 실제 마감 기한보다 최소 2~3일 앞선 데드라인을 설정하라. 이 날짜를 진짜 마감일처럼 여기고 모든 작업 계획을 이에 맞춰 세워야 한다. 참고로 데드라인을 설정할 때는 '대략 언제까지'가 아니라 '몇 월 며칠 몇 시까지 끝내겠다.'처럼 구체적으로 설정해야 한다.

둘째, 전체 작업을 여러 단계로 나누고 각 작업의 범위를 명확히 정의하자. 그런 다음 각 단계에 맞는 미니 데드라인을 설정하라. 예를 들어, 중요한 발표 자료를 준비해야 한다면, 자료 조사, 도입부 작성, 주요 논점 정리, 슬라이드 디자인, 리허설 등으로 나눈다. '전체 슬라이드 작성'이라는 막연한 목표보다는 '월요일에는 자료 조사', '화요일에는 도입부와 주요 논점을 정리한다.'와 같이 구체적으로 범위를 좁혀야 목표가 현실적으로 다가오고, 실천 의지가 강해진다. 이를 통해 큰 작업도 체계적으로 처리할 수 있다.

마지막으로 목표를 시각화하라. 캘린더 앱이나 플래너를 사용해 데드라인을 기록하고, 진행 상황을 눈으로 확인할 수 있게 하라. 이를 통해 작업의 진행 상태를 지속적으로 점검하고, 필요한 경우 일정을 조정할 수 있다. 목표를 시각화하면, 자신이 어디에 있는지, 무엇을 해야 하는지 명확히 알 수 있다.

데드라인을 앞당기면 작업을 끝낸 후에도 검토와 개선을 위한 시간이 확보된다. 이를 통해 최종 결과물의 완성도가 높아지며, 이러한 반복적인 성공 경험이 개인의 자신감과 성취감을 키운다. 데드라인을 미리 설정한 사람들은 예기치 못한 변수에도 유연하게 대처할 여유를 가지며, 이는 작업의 스트레스를 줄이는 데도 긍정적인 영향을 미친다.

대부분 사람들은 시작은 거창하나 마무리를 제대로 하지 못하는 시행착오를 겪는다. 데드라인을 설정하고 이를 지키려는 습관은 이 문제를 해결하는 데 큰 도움이 된다. 다이어리, 달력, 스케줄표 등을 활용해 해야 할 일의 데드라인을 명확히 기록하자. 어떤 일을 언제까지 반드시 끝내야 하는지 메모하고, 이 약속을 지키는 습관을 들이자. 모든 일에 데드라인을 설정하고 이를 지키기 위해 노력하는 습관은 20대 초반부터 익히면 큰 자산이 된다. 스스로 세운 계획이나 약속에 반드시 마감일을 설정하고, 그 기한이 되었을 때 계획을 잘 이행했는지 평가해보는 것은 매우 중요한 습관이다.

외부에서 주어진 기한에 의존하지 말고, 스스로 기한을 설계하는 습관을 들여라. 오늘부터 작은 작업 하나라도 자발적 데드라인을 설정해 보자. 그리고 그 과정을 통해 자신감을 쌓고, 더 나은 성취를 경험하라. 데드라인을 앞당기는 습관은 자기 통제력을 강화하고, 생산성을 높이는 데도 큰 도움을 준다. 이를 위해 당장 큰 프로젝트를 시작할 필요는 없다. 이메일을 미리 작성하거나 친구의 생일 선물을 미리 준비하는 것처럼 사소한 일부터 시작하라. 스스로 정한 기한을 지키는 연습이 쌓이면, 더 큰 목표에서도 이를 적용할 수 있다. 이러한 노력이 쌓이면 더 큰 목표와 도전에서도 흔들리지 않는 자신감을 얻게 될 것이다.

당신만의
'집중존'을 찾아라

스마트폰 알림과 SNS, 자잘하게 떠오르는 할 일들이 우리의 집중력을 산만하게 하고 에너지를 갉아 먹는다. 집중하기까지 워밍업의 시간이 길어지면 길어질수록 작업 시간도 길어지고, 결과물의 질도 떨어진다. 만약 당신이 가장 몰입할 수 있는 공간과 시간을 정확히 알고 있다면, 얼마나 많은 에너지를 아낄 수 있을까?

나는 글을 쓸 때 항상 가는 집 근처 단골 카페가 하나 있다. 꽃과 식물이 반기는 창가 자리에 앉아 커피 한 모금을 마시면 '이제 글 쓸 시간이구나!'라는 마인드 세팅이 된다. 항상 2시간이라는 제한된 시간 안에 쓰기 때문에, 이 시간 내에 끝내려면 바로 집중해서 글을 쓸 수밖에 없다. 반면 집에서 글을 쓰려면 이 '집중

모드'로 전환되기까지 한참이 걸린다. 쌓인 설거지도 눈에 밟히고, 갑자기 점심 메뉴도 고민이 되고, 건조기에 있는 빨래도 얼른 정리해야 할 거 같은 생각에 계속 딴짓을 하게 된다.

여기서 단골 카페는 나에게 '글쓰기 집중존'이다. 집중존이란 물리적, 심리적 환경이 완벽히 조화를 이루어 에너지가 최소로 소모되고 생산성이 최대화되는 상태를 말한다. 개인이 최고의 몰입 상태에 도달할 수 있는 공간, 시간, 그리고 루틴을 찾아 조합하면 누구나 집중존을 만들 수 있다. 잘 설정된 집중존은 빠르게 몰입으로 들어가게 하고, 시간을 늘리지 않아도 더 나은 성과를 낼 수 있도록 한다.

마야 안젤루 : 고립된 호텔방에서 창의성을 찾다

마야 안젤루는 흑인 여성 최초로 동전에 새겨진 미국의 작가이자 인권 운동가다. 그녀는 집에서 글을 쓰는 대신 호텔방을 빌려 글쓰기 작업에 몰두했다. 그녀는 왜 집에서 글을 쓰지 않고 굳이 호텔방을 빌려 글을 썼을까? 집에서는 '엄마'와 '아내'라는 역할이 강조되는 환경이었기 때문에, '작가'라는 정체성을 흐트러뜨리고 집중을 방해했기 때문이다. 그에 반해 호텔방은 일상적 역할에서 벗어나 오직 '작가'로 존재할 수 있는 공간이었다.

그녀는 호텔방에 항상 노트북, 사전, 성경을 가져갔으며 필수적인 도구 외에는 아무것도 두지 않았다고 한다. 이렇게 시각적

방해 요소를 완전히 차단한 단조롭고 개인적인 공간에서 창작에만 몰두할 수 있었던 것이다. 또한 그녀는 아침 7시부터 오후 2시까지 항상 일정한 시간에 글을 썼다. 이렇게 매일 같은 시간대와 환경에서 작업하면 뇌가 그 시간과 장소를 '창작의 신호'로 인식한다. 이 신호를 통해 집중 상태에 빠르게 도달하게 되는 것이다. 마야 안젤루는 호텔방에서 작업을 마친 후에는 항상 자신의 집으로 돌아가 가족과 시간을 보냈다. 글 쓰는 공간과 쉬는 공간을 분리해 창작과 휴식 사이에 명확한 경계를 만든 것이다. 이는 번아웃을 방지하고 창작 에너지를 충전할 수 있도록 도와주었다.

존 치버 : 정장 입고 뉴욕 아파트 지하실로 출근하다

20세기 미국 현대문학의 거장이자 퓰리처상 수상자이기도 한 존 치버는 자신의 뉴욕 아파트 지하실을 전용 작업 공간으로 활용했다. 창문이 없는 어두운 지하실에는 책상, 타자기, 의자만 있었다고 한다. 쾌적하거나 편안하기보단 음습하고 차가운 공간이었으나, 치버는 이런 고립감이 창의적 몰입과 깊은 사고를 가능하게 했다고 느꼈다. 지하실이라는 제한된 환경에서 상상력이 더욱 풍부하게 발휘된 것이다.

또한 그는 매일 아침 정장을 입고 내려가서 글을 썼고, 작업이 끝나면 정장을 벗고 다시 일상으로 돌아갔다. 정장을 입고 글을 쓴 이유는 글쓰기를 진지한 직업 행위로 간주했기 때문이다. 그리고 정장을 입고 작업에 들어가는 행위는 그에게 있어 '작가'로서의 역할로 전환하는 하나의 의식과도 같았다.

위 사례들을 통해 몰입과 창의성은 준비된 환경에서 시작된다는 것을 알 수 있다. 지금 이 글을 읽는 당신은 최고의 몰입으로 이끄는 집중존을 가지고 있는가? 만약 없다면, 아래의 작은 실천 리스트를 활용해 집중존을 설계해보자. 지금까지 경험하지 못했던 몰입과 에너지를 경험할 수 있을 것이다.

▼ 나만의 집중존을 위한 실천리스트

1. 최적의 공간 찾기
- 집, 카페, 도서관, 스터디카페, 공원 등 다양한 공간을 실험해 몰입이 가장 잘 되는 장소를 선택하라.

2. 최적의 시간대 파악하기
- 자신의 에너지 흐름을 관찰해 집중이 가장 잘 되는 시간대를 작업 시간으로 정하자.

3. 환경 세팅하기
- 환경을 단순화하고, 불필요한 물건은 치우자.
- 방해 요소를 제거하라. 스마트폰은 방해 금지 모드로 설정하거나 보이지 않는 곳에 두자.
- 가족이나 동료에게 집중 시간임을 미리 알리자.

4. 작업 전 의식 만들기

- 의식적 전환을 할 수 있는 루틴으로, 뇌에 '작업 신호'를 보내자. (ex. 차 마시기, 책상 정리, 음악 켜기 등)

5. 집중존 활용 습관화

- 처음에는 20~30분 동안이라도 집중존을 활용해 몰입을 경험해보자. (이후에 점차 시간을 늘려가자.)
- 가능하다면 매일 같은 시간대에 집중존 사용을 습관화하면 더욱 효과적이다.

집중존은 거창하지 않아도 된다. 예를 들면, 출근 전 20분 동안 자기계발서를 읽고 성장하고 싶다면, '아침 독서 집중존'을 만들어 볼 수 있다.

- 공간 : 내가 좋아하는 창가 테이블
- 시간 : 매일 아침 6시 40분~7시
- 환경 : 스마트폰 방해 금지 모드 설정, 커피 한 잔과 책만 준비.

멈춰야 비로소 보이는 '되돌아보기'의 기술

소는 왜 되새김질을 하는 걸까?

어렸을 때 시골 할머니집 마당 한편에는 커다란 소가 한 마리 있었다. 여물을 먹는 소를 재미 삼아 구경하고 있으니 할아버지가 옆에서 한마디 하셨다.

> "소는 풀같이 질긴 거를 잘 묵을라고 한 번 삼킨 거를 다시
> 끄집어내 먹는다 아이가. 이거를 되새김질이라 카는기라."

되새김질은 반복적이고 시간이 걸리는 작업이다. 어렸을 때 나는 이 때문에 되새김질이 참 비효율적이라고 생각했던 거 같다. 하지만 되새김질 덕분에 소는 필요한 영양소를 효과적으로

흡수하고 강한 체력을 유지할 수 있다.

우리 인생에서도 소의 되새김질 같은 행동이 필수적인데, 그것이 바로 '되돌아보기'다. 소가 되새김질을 멈춘다면 제대로 영양분을 소화할 수 없듯, 인간도 되돌아보기를 하지 않는다면 경험의 진짜 가치를 잃게 된다. 되돌아보기 또한 되새김질과 마찬가지로 시간이 걸리고, 때로는 감정적으로 힘들 수 있다. 하지만 그 과정을 통해 우리는 과거를 이해하고, 현재를 정리하며, 미래를 설계할 수 있는 내면의 힘을 얻는다.

소는 단순히 먹이를 삼키는 것만으로는 충분한 영양분을 얻을 수 없다. 마찬가지로, 우리도 단순히 많은 경험을 한다고 해서 그 경험이 자동으로 성장으로 이어지지 않는다. 되돌아보기는 이미 지나간 경험을 다시 떠올려 그 의미를 곱씹는 과정이다.

"내가 이 경험에서 배울 수 있는 점은 무엇일까?"

"내가 성장할 수 있는 영역은 무엇인가?"

"이 실패를 통해 내게 긍정적인 변화가 생긴 부분은 무엇인가?"

"실패에서 배운 교훈을 내 미래에 어떻게 적용할 것인가?"

이러한 질문은 경험이라는 먹이를 더욱 깊이 소화하여 우리 삶에 필요한 교훈과 통찰을 끌어낸다.

멈춰야 비로소 보이는 되돌아보기의 기술

에너지를 잘 쓰는 사람들에게는 공통된 비밀이 있다. 그들은 단순히 많은 경험을 쌓는 데 그치지 않고, 되돌아보기라는 과정을 통해 경험을 체화하고 에너지의 낭비를 줄인다. 이는 단순한 하루의 성찰을 넘어, 실패와 성공의 순간, 그리고 한 해를 정리하며 삶을 점검하는 핵심 습관이다. 되돌아보기는 삶을 단순히 지나가는 시간이 아니라 성장의 시간으로 전환시킨다.

"경험은 최고의 스승이 아니다. 최고의 스승은 바로 '평가를 거친 경험'이다. 경험은 다짜고짜 시험부터 치르게 한 뒤 가르침을 주기 때문에 어려운 스승이라는 말도 있다. 단, 시간을 내서 경험을 되돌아보는 사람에게만 그렇다. 되돌아보지 않으면 시험만 치르고 가르침은 영영 못 받는다. 실제로 많은 사람이 날마다 수많은 경험을 하고도 아무것도 배우지 못하는데, 이는 잠깐 멈춰 되돌아보지 않기 때문이다. 경험을 이해하기 위해 잠깐 멈추는 여유는 그만큼 중요하다."

- 존 맥스웰, 《사람은 무엇으로 성장하는가》

앞서 살펴본 되새김질은 소가 생존하기 위한 본능적인 행위다. 그러나 되돌아보기는 우리 인간이 의식적으로 선택할 수 있는 강력한 도구이다. 사람들은 바쁜 일상 속에서 수많은 경험을 한다. 그러나 이 경험을 되돌아보지 않으면, 그 경험들은 단순히 지나가는 사건으로 남는다. 경험만 많이 한다고 무조건 성장하는 것은 아니다. 경험 그 자체보다 그 경험을 통해 배움을 도출하는 것이 중요하다. 되돌아보기는 경험을 재구성하여 자신의 것으로 만드는 과정이다. 이는 실패에서 교훈을 얻거나 성공의 패턴을 발견하게 함으로써, 불필요한 실수를 반복하지 않도록 돕는다. 예를 들어, 중요한 프로젝트가 실패했을 때, 실패 원인을 되돌아보고 교훈을 얻는 사람은 다음에 더 나은 결과를 낼 확률이 높아진다. 반면, 실패를 단순히 잊어버린다면 같은 실수를 반복하며 에너지를 낭비하게 된다.

되돌아보기는 감정적으로도 큰 이점을 제공한다. 실패와 좌절은 종종 사람의 에너지를 소모시키고 동기를 저하시키는 주요 원인이다. 그러나 되돌아보기는 실패를 단순히 부정적으로 바라보지 않고, 그 속에서 긍정적인 면과 성장 가능성을 발견하는 기회를 제공한다. 27년간 억울하게 감옥에 수감되었던 넬슨 만델라는 이런 말을 남겼다.

"나는 결코 지지 않는다. 나는 이기거나 배우거나 둘 중 하나다. (I never lose. I either win or learn.)"

그는 좌절의 순간을 배움과 성장의 기회로 삼아, 더 나은 결과를 만들어내기 위한 과정으로 받아들였다.

되돌아보기는 현재 자신이 걸어가는 길이 목표와 얼마나 일치하는지를 점검하는 중요한 시간이 되기도 한다. 목표와 동떨어진 행동은 에너지 낭비로 이어진다. 반면, 되돌아보기는 자신의 행동이 목표와 부합하는지 확인하며, 필요한 경우 목표를 재정비하거나 행동을 조정하게 한다. 하루의 끝, 중요한 결정을 내린 후, 실패하거나 성공한 순간마다, 우리는 되돌아보기를 통해 삶을 더욱 풍요롭게 만들 수 있다. 이를 통해 우리는 무엇이 중요하고, 무엇을 버려야 하는지 명확히 알 수 있다.

한 해의 마지막에 하는 일

나는 한 해의 마지막 주간에 항상 그해의 월간 달력을 들고 혼자 카페에 간다. 그리고 한 장 한 장 넘겨보며 한 해를 평가해본다. 그냥 무작정 적으려면 아무것도 생각이 나지 않지만, 달력을 보며 회상하면 한 해가 파노라마처럼 지나간다. 그렇게 한 해를 되돌아보며 1년 동안 나에게 일어났던 10대 뉴스나 가장 감사했던 일 10가지를 적어본다. 딱히 특별할 것 없는 평범한 한 해였다 싶어도, 이렇게 적다 보면 올 한 해도 의미 있는 순간이 참 많았음을 깨닫게 된다.

이어서 올해 좋았던 점과 개선할 점을 적는다. 그렇게 적다 보면 새로운 한 해에는 어떤 걸 과감하게 버려야 할지, 어디에 더 에너지를 집중해야 할지 좀 더 분명해진다. 아쉬웠거나 후회되는 점을 반복하지 않기 위해 과감히 포기할 것들을 정하고, 새로운 목표를 세우면서 한 단계 성장을 위한 도전을 결심한다. 이렇게 한 해를 피드백하면 다음 해를 자연스럽게 스케치할 수 있다.

혹시라도 이럴 시간에 다른 뭐라도 하는 게 낫다고 생각한다면 큰 착각이다. 스스로를 되돌아보며 삶의 나침반을 바로잡는 사람은 단순히 바쁘게 움직이는 사람보다 더 적은 에너지로 더 큰 성과를 만들어낸다. 걸음을 멈추면 자신이 제대로 된 방향으로 가고 있는지 점검할 기회가 생긴다. 오히려 엉뚱한 길로 가고 있는데 속도를 내는 게 더 위험하다. 이럴 땐 속도를 늦추고 잠시 멈춰 방향을 수정해야 한다. 잠시 멈추고 자신을 성찰하는 그 짧은 시간이야말로, 미래를 위한 가장 중요한 투자다. 삶은 끊임없는 선택의 연속이다. 그리고 그 선택은 되돌아보기를 통해 더 나은 방향으로 조정될 수 있다.

기분이 좋아야
인생도 술술 풀린다

기분이 생산성을 결정한다

살면서 누구나 에너지가 넘치던 순간과 모든 것이 무겁게 느껴지던 순간을 경험해 봤을 것이다. 여기서 중요한 점은 이러한 차이가 단순히 육체적 피로나 외부 환경 때문만이 아니라, 우리의 '기분'에서 비롯된다는 사실이다. 기분이 좋으면 세상이 다르게 보이고, 같은 일도 더 가볍게 처리할 수 있다. 반대로 기분이 나쁘면 작은 장애물조차도 넘을 수 없는 벽처럼 느껴진다. 그렇다면, 기분이 우리의 에너지와 생산성을 좌우하는 이유는 무엇일까? 그리고 이를 어떻게 관리할 수 있을까?

우리의 기분은 단순한 감정 상태가 아니다. 그것은 신체와 마음, 그리고 행동을 지배하는 중요한 요인이다. 기분이 좋을 때,

우리는 뇌에서 도파민과 세로토닌 같은 긍정적인 신경전달물질이 활성화되면서 집중력과 동기부여를 강화한다. 이러한 상태에서는 일의 난이도에 상관없이 더 쉽게 몰입할 수 있다. 예를 들어, 같은 업무라도 기분이 좋을 때는 더 빠르고 정확하게 처리할수 있으며, 창의적인 아이디어도 자연스럽게 떠오른다.

반면, 부정적인 기분은 스트레스 호르몬인 코르티솔의 분비를 촉진하여 우리를 무기력하게 만들고, 에너지를 소진시킨다. 아침에 기분이 우울하거나 피곤한 상태로 하루를 시작하면, 이메일 작성 같은 단순한 일조차 벅차게 느껴질 수 있다. 이렇듯 기분이 나쁠 때는 사소한 문제도 커다란 장애물처럼 느껴진다. 이는 부정적인 감정 상태가 문제를 더 크게 느끼게 하고, 스트레스 반응을 과도하게 유발하기 때문이다. 업무 중 예기치 않은 문제가 발생했을 때 부정적인 기분 상태에서는 그 문제에 압도되기 쉽다. 그러나 기분이 좋을 때는 동일한 문제도 쉽게 해결할 수 있는 여유와 자신감을 가지게 된다. 결국, 좋은 기분은 문제를 작게 만들고 해결의 가능성을 크게 만든다.

기분은 일종의 에너지다. 좋은 기분은 좋은 사람들을 끌어당기는 매력적인 힘을 가지고 있다. 기분이 좋을 때 우리는 주변에 긍정적인 파장을 일으키며, 자연스럽게 사람들을 끌어들인다. 활기찬 태도로 동료를 대하는 사람은 자연스럽게 더 많은 협조를 얻고, 더 나은 인간관계를 형성한다. 이는 대인관계의 질을 높이고, 더 나아가 협력과 신뢰를 바탕으로 새로운 기회를 만들어낸다.

기분도 습관이다

에너지를 효과적으로 관리하는 사람들은 한 가지 공통된 특징을 가지고 있다. 바로 자신의 기분을 능동적으로 관리한다는 점이다. 기분은 외부의 상황에 의해 바뀌는 거라고 생각하는 사람이 많지만, 사실은 기분도 습관이다. 주어진 상황에서 내가 어떤 반응을 선택하느냐가 기분을 좌우한다. 인생이 술술 풀리길 원한다면 의도적으로 좋은 기분을 선택하자. 그게 누적되면 될수록 어떤 상황에서든 좋은 기분을 유지하는 게 더 쉬워질 것이다. 기분은 단순한 감정 상태가 아니라 우리의 에너지 소비와 재충전에 밀접하게 연관되어 있다. 이를 잘 다루는 것은 생산성과 인간관계, 그리고 삶의 질을 결정짓는 중요한 요소가 된다.

좋은 기분을 유지하는 핵심 감정 ❶ 통제감

좋은 기분을 유지하기 위해서는 '의무'를 '선택'으로 바꾸는 게 중요하다. "해야 한다"라는 의무감을 "하고 싶다"는 선택으로 전환하는 마음가짐이 필요하다. 자신의 삶이 외부 환경에 의해 좌우된다고 느낄 때, 사람들은 쉽게 무력감과 부정적인 감정에 빠지게 된다. 반면 자신이 주체적으로 선택했다고 느끼는 순간, 삶에 대한 통제감이 높아지고 기분도 좋아진다. 예를 들어, "운동을 해야 한다"라는 생각 대신 "운동을 통해 건강을 챙기고 싶다"라고 사고를 바꿔보자. 이런 전환은 기분을 긍정적으로 만들고, 행동에 대한 동기부여를 강화한다.

삶의 통제력을 높이면 심리적 안정감이 생긴다. 통제력은 자신이 삶의 주도권을 가지고 있다는 감각을 의미한다. 통제감이 높아지면 자신감과 자존감도 증가한다. 이는 스트레스 상황에서도 침착하게 대처할 수 있는 능력을 길러준다. 예를 들어, 갑작스러운 업무 변화가 생겼을 때, 통제감이 높은 사람은 "내가 이 상황을 개선할 수 있다"라고 느끼며 해결책을 찾는다. 계획이 변경되는 상황에서도 '내가 통제할 수 있는 부분'을 찾아내는 연습을 해보자. 이는 예상치 못한 변화에서도 긍정적인 기분을 유지하는 데 도움을 준다.

좋은 기분을 유지하는 핵심 감정 ❷ 재미

미국 시애틀의 파이크 플레이스 어시장은 생선을 판매하는 전통적인 시장이지만, 이곳의 독특한 문화는 전 세계적으로 주목받고 있다. 특히 '물고기 던지기' 퍼포먼스는 단순히 상품을 판매하는 과정이 아닌 하나의 쇼로 발전했다. 직원들은 고객 앞에서 물고기를 던지고 이를 즐거운 방식으로 연출함으로써 판매 과정 자체를 재미있는 경험으로 바꿨다. 고객들은 이 퍼포먼스에 직접 참여하거나 직원들과 유머를 주고받으며 매장의 활기를 더한다.

파이크 플레이스 어시장의 직원들은 자신의 역할을 단순한 생선 판매자가 아닌, 고객에게 즐거움을 주는 엔터테이너로 인식하게 되었다. 이로 인해 업무에 대한 자부심과 만족감이 높아졌고, 이는 궁극적으로 매출 증가로 이어졌다. 고객들에게도 재미있는 쇼는 단순한 구매를 넘어선 특별한 경험을 제공하며, 높은 재방문율을 만들어냈다. 이렇듯 재미는 생산성을 결정짓는 중요한 감정이다. 재미는 스트레스를 완화하고 창의성을 촉진하며, 몰입 상태로 이끄는 강력한 도구다. 우리의 일상과 업무에 재미 요소를 도입한다면 더 나은 성과와 만족스러운 삶을 만들어갈 수 있다.

좋은 기분은 우리의 삶을 근본적으로 변화시킨다. 통제감은 삶을 주체적으로 설계할 수 있는 자신감을 주고, 재미는 지루한 일상에 창의성과 에너지를 더한다. 기분은 단순히 하루의 기분 상태를 넘어 우리의 행동과 선택, 그리고 인생 전체를 결정짓는 원천이다. 기분이 긍정적으로 흐르면, 복잡한 문제들도 자연스럽게 해결의 실마리를 드러낸다. 지금부터 자신의 기분을 능동적으로 관리해 보라. 긍정적인 기분은 당신의 삶을 새로운 가능성과 성취로 이끌어갈 것이다.

방전되기 전에 미리
절전모드를 훈련하라

(당신만의 '휴식 리추얼'을 만들어라)

　　행동심리학자 짐 로허(Jim Loehr)는 세계 정상급 테니스 선수
들과 그렇지 않은 선수들의 차이점을 연구했다. 그는 오랜 기간
동안 이들의 경기 영상을 분석했지만, 놀랍게도 포인트를 따내
는 동안의 플레이에는 별다른 차이가 없었다.

　　하지만 포인트와 포인트 사이의 순간을 주목하자 흥미로운
사실이 발견되었다. 최고의 선수들은 무의식중에 짧은 휴식 시
간을 에너지 회복에 활용하고 있었던 것이다. 몸의 자세를 바로
잡거나, 시선을 집중하고, 호흡을 가다듬는 등의 독특한 습관을
보였다. 반면 하위권 선수들에게서는 이런 모습을 찾아보기 힘
들었다.

　　짐 로허의 실험은 이를 뒷받침했다. 정상급 선수들에게 심전

도 측정기를 부착한 결과, 경기 중 휴식 시간에 심박수가 크게 떨어지는 것으로 나타났다. 불과 16~20초 사이에 분당 20회 가량 감소한 것이다. 이는 그들이 아주 짧은 시간 안에 효율적으로 에너지를 재충전하는 습관을 체득했음을 보여준다.

반면 일반 선수들은 이런 회복 습관이 부족했고, 포인트 획득과 무관하게 경기 내내 높은 심박수를 유지했다. 최고의 선수들은 휴식 시간을 의식적으로 활용함으로써 다음 포인트에 더 잘 대비할 수 있었던 것이다.

이처럼 세계 정상급 선수들은 남들과 다른 에너지 관리 전략을 사용하고 있었다. 최고 프로선수들은 더 효과적으로 휴식하고, 다음 포인트에 더 잘 대비할 수 있도록 하는 의식(ritual)을 행하고 있었던 것이다.* 경기 중 아주 짧은 순간의 휴식 시간조차 소홀히 하지 않고 몸과 마음을 재정비하는 습관, 이것이 바로 그들을 최고로 만든 비결이었다.

> "역설적이게도 완전하게 몰입할 수 있는 능력은 주기적으로 에너지 몰입에서 벗어나게 하는 능력에 달려 있다."
>
> -《몸과 영혼의 에너지 발전소》

만약 경쟁에서 살아남기 위해 오늘도 잠을 줄이고, 하루 종일

---

* 토니 슈워츠, 유영만,《몸과 영혼의 에너지 발전소》, 한언, 2004, pp. 58~59

커피로 부족한 집중력을 채우고, 이메일을 보내면서 허겁지겁 샌드위치를 먹고, 하루 종일 하늘 한 번 바라볼 여유도 없이 지내고 있다면, 지금이 바로 '잠깐 멈춤'이 필요할 때다. 혹시 너무 바빠서 도저히 잠깐 멈출 시간이 없는가? 그렇다면 아래 실험 결과가 당신의 미래가 될 것이다.

호주 시드니대학교의 폴 진스(Paul Ginns) 교수 연구팀은 72명의 대학생을 대상으로 실험을 진행했다. 참가자들은 두 자리 숫자 곱셈 문제를 암산으로 풀었으며, 세 그룹으로 나뉘어 각기 다른 조건에서 작업을 수행했다. 첫 번째 그룹은 휴식 없이 연속적으로 문제를 풀었다. 두 번째 그룹은 20분 작업 후 5분간 자유롭게 두뇌를 휴식했다. 세 번째 그룹은 20분 작업 후 5분간 열대우림을 산책하는 일인칭 시점 비디오를 시청하며 휴식했다. 실험 결과, 5분간 휴식을 취한 두 번째와 세 번째 그룹의 점수가 휴식 없이 작업한 첫 번째 그룹보다 평균 57% 높았다.

효율적으로 일을 처리하기 위해 숨 돌릴 틈도 없이 달리는 건 '비효율'로 가는 가장 빠른 길이다. 일정한 주기로 휴식과 회복의 시간을 가지는 것은 단순히 일을 멈추는 게 아니라, 최적의 생산성을 유지하는 전략적 도구다.

나는 뭔가에 집중하면 숨 쉬는 걸 잊을 때가 있다. 나도 모르게 숨까지 참으면서 몰입하는 것이다. 그 습관을 고치기 위해 좀 더 의식적으로 깊은 호흡을 하려고 노력한다. 숨까지 참으며 일을 하는 나를 발견하면, 나는 5-3-7 호흡 명상을 하며 잠깐이라도 휴식 리추얼을 가지려고 한다. 명상이라고 해서 거창한 것은 아니다. 그저 하던 것을 잠시 내려놓고 내 호흡에만 집중하는 것이다.

방법은 간단하다. 5초 동안 숨을 들이마시고, 3초 동안 멈춘 뒤, 7초 동안 천천히 내쉰다. 이 호흡을 10번 정도 반복한다. 숨을 들이마실 때 에너지와 긍정적 기운이 들어온다고 생각하고, 숨을 내쉴 때 몸속의 나쁜 에너지와 스트레스가 내 몸에서 빠져나간다고 상상하면 더욱 효과적이다. 기상 직후, 집중력이 떨어지는 오후 업무 시간, 취침 직전 이렇게 하루에 총 3번만 의식적으로 호흡을 해줘도 머리가 훨씬 맑아지는 걸 느낄 것이다.

가끔 아이가 숨넘어갈 듯 떼를 쓰고 울 때가 있다. 이럴 때 나는 아이에게 "우리 같이 10까지 호흡하자"라고 이야기한다. 호흡을 하면 할수록 울음은 점점 잠잠해지고, 화가 났던 감정도 서서히 추스르게 된다. 이제는 내가 화가 난 것처럼 보이면 아이가 먼저 "엄마 10까지 호흡해요~"라고 이야기해준다.

당신은 당신만의 '휴식 리추얼'을 가지고 있는가? 짧은 스트레칭을 통해 몸의 에너지를 순환시키거나, 먼 산이나 하늘을 보며 과도하게 긴장되었던 눈의 피로를 푸는 것도 좋다. 식후 짧게라도 낮잠을 자거나 퇴근 후 반신욕을 하는 것도 매우 효과적인 회복 방법이다. 휴식 리추얼은 당신의 에너지를 다시 끌어올릴 수 있는 맞춤형 충전 방식이어야 한다. 복잡하지 않아도 괜찮다. 중요한 것은 이 시간을 습관으로 만들어 몸과 마음이 자동으로 '충전 모드'로 들어가게 훈련하는 것이다.

바쁜 현대인의 삶 속에서 절전 모드는 더 이상 선택이 아닌 필수다. 현대 사회는 '더 많이, 더 빨리'가 미덕처럼 여겨지지만, 이는 지속 가능하지 않은 삶의 방식이다. 방전된 후에 억지로 회복하려고 애쓰기보다는, 에너지를 관리하고 미리 충전하는 습관을 만드는 것이 더 현명하다.

운동화 신은 뇌가
만드는 기적

피곤한 뇌를 되살린다

우리 머릿속은 하루 종일 돌아가면서 여러 가지 일을 처리하느라 바쁘다. 업무든 공부든 집중하다 보면, "아, 머리가 너무 아파"라는 순간을 경험한 적이 있을 것이다. 이건 단순한 느낌이 아니라, 실제로 뇌가 피로를 느끼는 상태이다. 뇌 피로는 신체적 피로와 달리 눈에 보이지 않지만, 우리 삶에 큰 영향을 미친다. 오랜 시간 동안 집중하거나 스트레스를 받으면 뇌는 과부하 상태에 빠질 수 있다. 이런 상태가 지속되면 머리가 멍해지고, 집중력이 떨어지며, 만성 피로에 시달리게 된다.

대부분의 사람들은 뇌 피로를 풀기 위해 '쉬는 것'을 가장 먼저 떠올린다. 소파에 누워 TV를 보거나 잠을 자는 등 아무것도 하지 않는 것이 가장 좋은 해결책이라 생각할 수 있다. 하지만 의외로, 뇌 피로를 풀어주는 데 가장 효과적인 방법은 '움직임'이다. 몸을 움직이면 뇌는 자연스럽게 활성화된다. 몸을 움직이는 활동은 뇌에 신선한 공기를 불어넣는 것과 같다. 가볍게 달리기만 해도 심장이 빨리 뛰고 몸에 산소가 팍팍 도는 느낌을 받은 적이 있을 것이다. 이는 뇌에도 영향을 줘서 피곤했던 신경 세포들이 다시 활력을 되찾게 된다.

특히 산책처럼 가볍게 할 수 있는 유산소 운동은 뇌에 쌓였던 피로 물질을 싹 씻어내는 데 아주 효과적이다. 하루 30분 정도 걷기만 해도 뇌가 훨씬 개운해질 수 있다. 이제부터 머리가 안 돌아간다고 느껴질 때는 소파를 찾는 대신 운동화를 신자. 업무 중간에 5분간 복도를 걷거나 간단히 스트레칭, 계단을 오르내리는 것만으로도 뇌의 피로를 씻어내는 데 도움이 된다. 이런 습관을 들이면 머리가 맑아지고 생각도 더 잘 정리되는 느낌을 받을 수 있을 것이다.

뇌를 학습 모드로 바꾼다

일리노이주 네이퍼빌에 소재한 네이퍼빌 센트럴 고등학교는 미국에서 가장 우수한 고등학교 중 하나로 꼽힌다. 이 학교는 학생들의 운동 부족 문제를 인식하고 획기적인 조치를 취했다. 등교 직후인 0교시에 전교생을 대상으로 1.6km 달리기 수업을 실시한 것이다. 학생들은 자신의 최고 속도의 80~90% 수준으로 전력 질주했다.

　이어서 1, 2교시에는 난이도가 높고 집중력을 요하는 과목들을 배치했다. 한 학기가 지난 후 0교시 체육수업에 참여한 학생들의 학업 성취도는 눈에 띄게 향상됐다. 학기 말 읽기와 독해력이 학기 초 대비 17%나 증가한 것이다. 이는 0교시 수업에 빠진 학생들에 비해 2배가량 높은 수치였다.

　수학, 과학 성적이 전국 최하위권에 머물렀던 이 학교는 이후 세계 과학 평가에서 1위, 수학 평가에서 6위라는 놀라운 성과를 거뒀다. 이로써 운동이 학습 능력 향상에 지대한 영향을 미친다는 사실이 입증되었다. 네이퍼빌 고교의 실험 이후 0교시 체육 수업은 미국 전역의 학교로 확산되었다.*

　이렇듯 운동은 단순히 몸을 건강하게 하는데 그치지 않고, 머리도 똑똑하게 만들어 준다. 운동을 하면 뇌에서 BDNF(Brain-Derived Neurotrophic Factor)라는 물질이 분비된다. 이 물질은 신경 세포들 사이의 연결(시냅스)을 강화하여 정보를 더 잘 저장하고, 학습할 때 뇌가 빠르게 적응할 수 있도록 돕는다. 즉, 운동을 하면 흩어져 있던 정보들이 연결되면서 뇌를 '업데이트'하는 효과가 생기는 것이다.

　운동은 뇌를 즉각 학습 모드로 전환시켜 준다. 따라서 중요한

---

* 이석무 기자, 〈'운동이 성적 올린다' 오히려 체육시간 늘리는 교육 선진국〉, 이데일리, 2022, https://v.daum.net/v/Wyl0Tt4I1G?utm

업무를 하거나 새로운 것을 배울 때 잠깐 산책을 하거나 몸을 움직여보자. 머리가 한결 맑아지면서 학습 능률이 올라갈 것이다. 더불어, 운동은 스트레스를 줄여주는 효과도 있기 때문에 긴장을 풀고 편안한 마음 상태로 새로운 정보를 받아들일 수 있도록 돕는다. 그래서 공부나 중요한 일을 할 때, '운동으로 시작하기'는 매우 효과적인 전략이 될 수 있다. 책상 앞에서 오래 앉아있는 사람에게는 특히 짧은 운동이 큰 차이를 만들어낼 수 있다.

창의력과 숨은 아이디어를 떠올리게 한다

돌파구가 필요한 새로운 전략을 짜야할 때, 사무실에 둘러앉아 '아이디어 회의'를 진행한다. 하지만 아무리 책상에 앉아 머리를 굴려도 새로운 아이디어나 전략은 떠오르지 않는다. 창의력은 현대 사회에서 중요한 경쟁력으로 여겨지지만, 우리가 '원래 당연하게' 해온 것 중에 실제로 창의력을 깨우는 환경과는 거리가 먼 경우가 많다.

사실 창의력을 자극하는 가장 좋은 방법은 둥그런 회의 탁자가 아니라 '걷기'다. 스탠퍼드 대학의 연구[**]에 따르면, 걷는 동안 사람의 창의적 사고가 최대 60%까지 증가할 수 있다고 한다. 연구진은 걷기가 창의력에 미치는 영향을 측정하기 위해 대학생

[**] Oppezzo, M., & Schwartz, D. L., 〈Give your ideas some legs: The positive effect of walking on creative thinking〉, 《Journal of Experimental Psychology: Learning, Memory, and Cognition》, 2014, pp. 1142~1152.

176명이 앉아있는 동안 특정 작업을 수행한 것과 걸으며 수행할 때의 성과를 비교했다. 실험 참가자에게 세 가지 물체로 된 세트를 제공하고 다양한 용도를 생각해내도록 한 결과 걸을 때가 압도적으로 창조적이라는 사실을 발견했다.

스티브 잡스는 주요 회의를 수석디자이너와 산책하며 진행했고, 이는 그의 창의적 아이디어를 이끌어내는 데 중요한 역할을 했다. 마크 저커버그도 직원의 채용 여부를 발표하기 전에 후보자와 숲을 산책한다고 한다. 마이크로소프트의 CEO 사티아 나델라 또한 스트레스를 풀고 새로운 관점을 얻기 위해 정기적으로 산책하며 아이디어를 정리하는 습관이 있다.

나도 집중력이 떨어지는 오후나 아주 중요한 안건이 있을 때는 사무실을 벗어나 대표님과 함께 걸으면서 아이디어 회의를 했다. 사무실에서는 아무리 앉아서 골똘히 생각해도 떠오르지 않던 해결책들이 걷다 보면 문득 떠오른 경우가 많았다. 회사의 방향성을 정하거나 중요한 의사결정이 필요한 순간에는 항상 회사 근처 공원을 산책하며 문제의 실마리를 찾았다. 산책하며 떠오른 생각이나 아이디어를 날려 보내지 않으려고 녹음을 하거나 메모를 하며 걸었다. 어떤 날은 사무실에 앉아있는 시간보다 걷는 시간이 더 많다고 느끼는 날도 있었는데, 그런 날은 여지없이 막혀 있던 문제를 뚫어줄 아이디어가 한 손에 들려 있었다.

프리드리히 니체는 "모든 위대한 생각은 걷기로부터 시작되었다."라고 말했다. 걷기는 뇌의 사고 패턴을 새롭게 하고 고정된 생각에서 벗어나도록 도와주는 역할을 한다. 걷는 동안 우리는 머릿속에 얽혀 있던 문제의 실마리를 찾고, 새로운 아이디어를 떠올리며, 삶의 방향을 재정립할 수 있다. 생각이 막히고 머리가 답답할 때는 공원이나 집 주변을 천천히 산책하며 생각을 정리하는 시간을 가져보자. 뇌가 더욱 자유롭게 사고할 수 있는 공간을 확보하게 될 것이다.

함께하는 사람의 태도와 행동은 우리의 환경과 습관을 형성하고, 결국 우리의 인생을 크게 좌우한다. 부정적인 영향을 주는 사람들과의 관계를 줄이고, 긍정적이고 목표 지향적인 사람들과 어울릴 때, 우리의 환경과 행동이 자연스럽게 바뀌고 더 나은 결과를 얻을 수 있다. 성공적인 삶을 원한다면, 먼저 주변 사람들을 돌아보고 어떤 사람들과 시간을 보내고 있는지 고민해보는 것이 중요하다. 결국, 당신도 그들이 가는 방향으로 나아가게 될 것이다.

Chapter.5

평생 써먹는
에너지 관리의
기술

당신의 하루를 승리로 이끄는
가장 쉬운 에너지 루틴

매일 아침 당신의 에너지는 어디에서 시작되는가? 많은 사람들이 아침에 마시는 커피나 음식을 통해 에너지를 얻는다고 생각한다. 그것도 맞는 말이지만, 더욱 본질적으로 당신의 에너지는 당신이 일어난 바로 그 공간에서 시작된다. 공간은 단순히 우리가 머무르는 물리적 장소 이상의 역할을 한다. 공간은 에너지의 흐름을 결정하고, 우리의 감정, 집중력, 그리고 전반적인 성과에 영향을 미친다. 정돈되고 에너지가 흐르는 공간은 긍정적인 변화를 촉진하는 반면, 어지럽고 막혀 있는 공간은 생산성을 저하시킬 수 있다.

우리가 아침에 눈을 떠서 처음 마주하는 공간이 정돈되어 있고 상쾌하다면, 하루의 시작이 얼마나 가볍고 기분 좋은지 생각해보라. 반대로, 막힌 공기와 어지러운 침대에서 시작하는 하루는 우리의 마음을 답답하고 무겁게 만든다. 하루를 바꾸는 데 필요한 것은 거창한 변화가 아니다. 당신의 하루를 승리를 이끄는 가장 쉬운 에너지 루틴 두 가지는 바로 '환기'와 '이불 개기'다. 이 두 가지 간단한 행동만으로도 공간의 에너지를 전환하고, 하루를 승리로 이끌 수 있다.

환기 : 신선한 공기로 공간을 리셋하다

아침에 창문을 열어 신선한 공기를 들이마시는 행위는 단순히 공간의 공기를 바꾸는 것 이상의 효과를 제공한다. 이는 공간과 내 몸의 에너지를 동시에 리셋하는 강력한 도구이다. 우리가 밤새 잠들어 있는 동안, 실내 공기는 이산화탄소로 채워지게 된다. 이는 뇌로 전달되는 산소량을 줄이고, 아침에 일어났을 때 느끼는 무거움이나 피로감의 원인이 된다. 아침에 창문을 열어 환기하면, 이러한 정체된 공기를 몰아내고 신선한 산소를 들이마시게 된다. 신선한 공기가 뇌로 전달되면서 집중력과 기분이 즉각적으로 좋아지는 것을 느낄 수 있다.

답답한 공기, 무거운 공간, 그리고 탁한 분위기 속에서 하루를 시작하는 것은 마치 무거운 짐을 들고 마라톤을 뛰는 것과 같다. 환기를 통해 정체된 공기를 밀어내고 신선한 바람을 맞아보자. 창문을 열고 바람이 들어오는 순간, 공간이 숨을 쉬듯 당신의 마음도 가벼워질 것이다. 아침마다 환기를 하면 에너지와 집중력이 놀랍게 향상된다는 연구 결과도 있다. 공간이 맑아지면, 그곳에서 당신의 생각도 더 자유로워진다.

이뿐만 아니라 심리적으로 환기는 우리에게 '새로운 시작'을 알리는 신호를 보낸다. 막혀 있던 공간이 상쾌해지면서 마음이 가벼워지고, 하루를 새롭게 시작할 준비가 된다. 이 간단한 행동은 마치 고여 있던 물에 잔잔한 물결을 일으켜, 새로운 에너지의 흐름을 만들어내는 것과 같다. 애플 창업자인 스티브 잡스는 "좋은 아이디어는 맑은 공기와 함께 온다."라고 말하며, 아침마다 사무실 창문을 열어 환기하는 습관을 가졌다. 잡스는 신선한 공기가 그의 창의적 사고를 돕는 중요한 요소라고 믿었으며, 이는 그의 일상 루틴의 필수 요소였다. 나도 회사에 출근하면 가장 먼저 환기를 했다. 사무실에 있는 큰 유리 창문들을 하나씩 열면서 퀴퀴하고 무거운 공기를 내보내고 시원한 아침 공기로 공간을 채우며 일을 시작했다. 막힌 공기를 밀어내고 신선함을 들이는 일, 그것이 하루의 에너지를 바꾸는 첫걸음이다.

게다가 환기는 거창한 준비가 필요 없다. 환기는 돈도 시간도 많이 들지 않는, 가장 쉬운 습관이다. 단지 창문을 열고 바람이 드나들게 하는 것만으로도 당신의 공간은 완전히 바뀔 수 있다. 아침 10분, 창문을 열고 주변 소리를 들어보자. 바람의 소리와 함께 시원한 공기의 흐름이 당신의 마음까지 맑게 만들어 줄 것이다.

이불 개기 : 하루의 첫 승리를 만들다

미국 해군 특수부대 출신의 윌리엄 맥레이븐 장군은 그의 유
명한 강연에서 "아침에 침대를 정리하는 것은 하루의 첫 번째 미
션을 성공적으로 완수하는 것이다"라고 강조했다. 이불을 개는
것은 단순한 침대 정리가 아니라 '하루의 첫 승리'라는 것이다.
하루의 첫 번째 행동에서 성공을 경험하면, 그 긍정적인 감정
이 연쇄적으로 다음 행동과 결정에 영향을 미친다. 이를 심리학
에서는 '승리의 도미노 효과'라고 한다. 윌리엄 맥레이븐 장군은
"이불을 개는 작은 습관 하나가 여러분의 삶을 바꿀 수 있다"라
고 말한다. 이는 침대를 정리하는 것이 스스로를 통제할 수 있다
는 자신감을 키우고, 하루의 모든 일에 책임감을 갖게 하는 상징
적인 행동이기 때문이다.

공간의 정리 상태는 에너지의 흐름뿐만 아니라, 우리가 느끼
는 책임감과 동기에도 영향을 미친다. 어지럽혀진 공간에서 시
작된 하루는 무질서한 기분을 낳기 쉽고, 이 상태는 하루의 의사
결정에도 영향을 미칠 수 있다. 정돈되지 않은 공간은 무의식적
으로 우리의 에너지를 분산시키고, 집중력을 떨어뜨리는 요인
이 되기 때문이다. 반면, 정리된 공간은 시각적 자극을 최소화해
우리의 뇌에 긍정적인 신호를 보낸다. 이불을 개면서 느끼는 정

리된 공간과 안정감은 하루 동안 의식하지 못한 채 누적되는 스트레스를 줄이고, 하루의 과제들을 더 명확하게 정리할 수 있도록 도와준다. 정돈된 환경에서 시작된 하루는 '자아 효능감(self-efficacy)'을 높이며, 이를 통해 더 높은 성과를 기대할 수 있다. 하루를 시작하며 이불을 개는 습관을 들이거나, 책상 위를 간단히 정리하는 작은 행동이 긍정적인 파동을 만들어내는 것이다.

결론적으로, 우리의 에너지는 단순히 체내에서만 만들어지는 것이 아니라, 주변 환경과 상호작용하며 파동처럼 움직인다. 공간을 맑게 하고, 하루의 시작을 작은 승리로 채우는 환기와 이불 개기의 습관은 우리의 에너지를 긍정적인 방향으로 조율할 수 있는 가장 쉬운 방법이다. 이 작은 행동들이 하루를 시작하는 에너지의 기반을 만들어 주며, 더 나아가 삶 전체의 태도와 성과를 변화시킬 수 있다.

오늘부터 창문을 열고, 이불을 정리하자. 단 몇 분의 노력으로 하루의 파동이 바뀌고, 성공의 길이 열릴 것이다. 당신은 하루를 컨트롤할 수 있는 주도권을 갖게 될 것이며, 이렇게 아침이 바뀌면 삶도 바뀐다. 성공은 거창한 행동에서 오는 것이 아니다. 가장 작은 습관이 가장 큰 변화를 만들어낸다. 지금, 당신의 하루를 승리로 이끄는 첫걸음을 시작해보자.

에너지를 중심으로
하루를 재구성하라

(나만의 에너지 매뉴얼 : 자기 사용설명서)

작은 가전제품 하나만 사더라도 해당 제품을 어떻게 하면 제대로 쓸 수 있는지 사용설명서가 함께 온다. 귀찮아서 잘 안 읽어보는 사람도 많지만, 사용하기 전 꼼꼼히 한 번 읽어보면 그 제품을 200% 활용할 수 있다. 반대로 제품의 원래 사용 방법대로 쓰지 않고 내 멋대로 쓰면 새 제품도 금방 고장 나 버릴 수 있다.

하물며 아주 작은 물건에도 사용설명서가 있는데, 당신은 스스로의 사용설명서를 가지고 있는가? 나를 어떻게 사용해야 가장 '최선의 나'로 살 수 있는지를 스스로 알고 그대로 실천하며 살고 있는가?

고개를 갸우뚱한다면, 지금 당장 아래 질문들에 대해 답을 해보자.

- 당신은 하루 중 어느 시간대가 가장 효율이 좋은가?
- 어떤 환경과 공간에서 가장 집중이 잘되는가?
- 자신의 강점을 알고, 업에서 그 강점을 활용하고 있는가?
- 부정적인 감정이 올라올 때는 언제인가?
- 극도의 스트레스 상황에서 벗어날 당신만의 이완법을 가지고 있는가?
- 인생의 문제나 어려움이 생겼을 때 찾아갈 멘토는 누구인가?

자기 사용설명서가 있는 사람은 업무의 성과는 물론이고, 개인적인 삶에서도 훨씬 행복하고 풍요롭게 살 수 있다. 물론 모든 사람들은 각자 다르기 때문에 여기에 하나의 '정답'이 존재하진 않는다. 하지만 나에게 맞는 '해답'은 있다. 지금 위 질문에 대해 정확히 답하지 못하더라도 괜찮다. 지금부터라도 일상 속에서 나를 관찰하고 기록하며 나만의 사용설명서를 만들어 가보자.

좀 더 쉽게 적용할 수 있도록 내 사용설명서를 예로 들어보겠다.

ex.1) "당신은 하루 중 어느 시간대가 가장 효율이 좋은가?"

이것만 잘 알아도 에너지 효율을 몇 배 이상 높일 수 있다. 만약 최상의 시간대를 아직 모른다면 일주일만 자신의 에너지를 시간대별로 기록해보자.

나 스스로를 관찰해본 결과, 나는 오전 시간대가 오후보다 3배 이상 업무 효율이 높았다. 오후에 3시간 넘게 걸릴 일을 오전에 하면 1시간도 되지 않아 끝낼 수 있었다. 그전에는 저녁 늦게 아이들을 재우고 글을 써보기도 했는데, 머리가 꽉 막혀 진도가 나가지 않았다. 반면 나의 에너지가 최상인 새벽이나 오전 시간을 활용하니 더 빨리 그리고 가뿐하게 완성할 수 있었다. 저녁 늦게까지 야근해도 전혀 떠오르지 않던 아이디어가 출근길 회사 가는 길에 번득 떠오른 적도 많았다. 그래서 항상 점심 먹기 전, 하루 중 가장 복잡하고 어려운 일을 마친다. 기획안 작성이나 글쓰기는 무조건 오전에 하고, 늦은 야근보다는 일찍 출근해서 일을 한다.

오후에는 회의를 하거나 외부 미팅, 다른 팀과 함께 작업해야 하는 일을 한다. 오후 3~4시에는 집중력이 최하로 떨어지는데, 그때는 몇 가지 안건을 가지고 대표님과 함께 산책하며 아이디어 회의나 의사결정을 위한 논의를 했다. 걸으며 하는 회의는 생산성을 극도로 높여준다.

저녁 이후에는 아무 생각 없이도 편안하게 할 수 있는 단순한 일들을 한다. 그리고 나의 에너지가 최상일 때 급한 일로 분주하게 보내지 않기 위해, 내일을 위한 준비를 미리 해둔다. 아이 어린이집 가방을 챙기거나, 내일 입을 옷을 미리 꺼내두거나, 새벽에 책 읽을 책상을 미리 치워둔다. 미래의 나를 돕는 시간으로 쓰는 것이다.

ex.2) "부정적 감정이 올라올 때는 언제인가?"

가전제품 매뉴얼을 보면 마지막에 항상 A/S 항목이 나온다. 잘 만들어진 제품도 가끔 고장이 난다. 우리도 마찬가지다. 어느 누구도 100% 긍정적인 생각이나 에너지만 가지고 살 수는 없다. 살다 보면 누구나 부정적 감정이 올라올 때가 생긴다.

그런데 어떤 사람은 부정적 감정이 올라오면 그야말로 고장난 기계처럼 연기를 내뿜고 스스로를 망가뜨린다. 반대로 어떤 사람은 동일한 감정을 느끼고도 비교적 큰 타격 없이 넘어가거나 오히려 그 감정을 원동력으로 삼기도 한다. 그 차이는 무엇일까?

여러 가지 이유가 있겠지만, 내가 생각하는 가장 중요한 요소 중 하나는 바로 '예측 가능성'이다. 사람마다 분노, 우울, 좌절, 원망 등의 감정 버튼이 눌러지는 일정한 패턴이 있다. 나의 부정적 감정이 언제, 어떤 상황에서 올라오는지 아는 것과 모르는 것은 큰 차이를 만든다.

이 '분노 버튼'을 알면 그것을 예측할 수 있기 때문에 그 감정을 비교적 객관적으로 인식할 수 있다. 그리고 사전에 최대한 그 환경을 피할 수 있다. 스스로 분노 버튼이 눌러지기 전 조심할 수 있고, 다른 사람에게 내가 가진 분노 버튼을 공유해줄 수도 있다. 이렇게 하면 괜한 일에 에너지 빼앗기는 일이 현저하게 줄어든다.

예를 들어, 나는 '이유 없이 기다리는 것'을 매우 힘들어한다. 누군가와 약속을 했는데 아무 이유도 모른 채 10분을 멍하니 기다리는 것이, 미리 사정을 이야기하고 1시간 늦는 것보다 견디기 힘들다. 연애 시절 남편이 일을 한다고 나에게 연락하지 않고 약속 시각에 늦은 적이 몇 번 있었는데 그럴 때마다 너무 화가 났다. 남편도 고작 10분 늦은 것으로 이렇게 화를 내는 나를 이해하지 못했다. 그래서 내가 화가 나는 버튼을 정확히 알려주었다. 그 뒤로 남편은 조금 늦을 것 같으면 문자나 전화로 미리 이야기를 해주었고, 남편이 늦더라도 기분 좋게 데이트를 시작할 수 있었다.

나의 감정을 보다 지혜롭게 관리하기 위해, 평소에 부정적 감정이 올라오면 글로 한 번 써볼 것을 권한다. 기록이 쌓이면서 비슷한 패턴이 보일 것이다.

이렇듯, 자기 사용설명서를 업무와 일상생활에 적용한다면 문제를 만나더라도 거뜬히 넘어가며, 나의 역량을 최대로 발휘할 수 있을 것이다. 매일 최선의 나로 살고 싶다면, 나에게 맞지 않는 방법으로 스스로를 괴롭히며 갉아먹고 싶지 않다면, 지금 당장 자기 사용설명서를 한 줄만이라도 써보자.

의지력에 의존하지 말고
환경을 바꿔라

의욕이 먼저일까? 행동이 먼저일까?

흔히 우리는 의욕이 생기면 행동한다고 생각한다. 그러나 연구에 따르면, 행동이 의욕을 끌어내는 경우가 훨씬 더 많다. 행동을 먼저 하면 작은 성취감을 느끼게 된다. 이 성취감은 내적 동기를 강화하고 다시 행동으로 이어지는 선순환을 만든다.

작은 행동 → 작은 성취 → 의욕 상승 → 더 큰 행동 → 큰 성취

심리학자 데릴 벰의 자기지각 이론에 따르면, 사람들은 자신의 행동을 통해 내면의 동기를 재해석한다. 예컨대, 하루에 단 5분 산책을 시작한 사람은 '나는 건강을 신경 쓰는 사람이구나'라

는 자기 인식을 형성하며 의욕이 증대된다. 즉, 행동의 첫 단추만으로도 나머지 과정을 이어갈 수 있는 것이다. 따라서 '큰 목표나 계획' 대신 작은 행동을 통해 '지속 가능한 리듬'을 만드는 게 더 중요하다. 이를 통해 자신이 되고 싶은 모습의 정체성을 갖게 되면 행동이 훨씬 쉬워진다. 예를 들어 작가가 되고 싶다면, 매일 한 문장이라도 쓰는 작은 행동을 이어간다. 이를 통해 '나는 글을 쓰는 사람'이라는 정체성이 만들어지면 글 쓰는 행동이 강화된다.

행동의 기본값을 바꿔라

앞서 말한 '지속 가능한 리듬'을 만들기 가장 좋은 방법은 행동의 기본값(default option)을 바꾸는 것이다. 행동경제학자 리처드 탈러와 캐스 선스타인의 저서《넛지(Nudge)》에 '미리 설정된 선택(Default Option)'이란 개념이 나온다. '미리 설정된 선택'은 선택의 기본값을 사전에 설정해 둔 상황에서 사람들이 대체로 이를 따르는 경향을 말한다. 이는 사람들이 복잡한 선택을 해야 할 때, 인지적 부담을 줄이고 의사결정을 단순화하기 위해 본능적으로 기본값을 수용하는 행동 패턴이다.

예를 들어, 국가별 장기기증 등록률은 기본 선택이 무엇이냐에 따라 현저히 차이가 난다. 본인이 동의해야 기증자로 등록되는 옵트인 시스템에서는 등록률이 낮은 반면, 모든 사람이 기본적으로 기증자로 등록되고 원치 않으면 거부할 수 있는 옵트아웃 시스템에서는 등록률이 훨씬 높다. 또한, 자동으로 퇴직연금 프로그램에 가입시키는 회사는 직원들의 가입률이 매우 높다. 자동으로 가입되면, 스스로 변경하지 않는 한 대부분 그대로 유지하기 때문이다. 이뿐만 아니라 컴퓨터의 프로그램을 설치할 때도 기본으로 설정된 언어나 기능(예: 자동 업데이트)은 사용자가 별도로 변경하지 않으면 그대로 사용된다.

이렇게 행동의 기본값을 잘 활용하면 복잡한 결정을 단순화하고, 더 나은 선택을 할 수 있도록 유도할 수 있다. 공공정책에서 '선의의 기본값'을 설정하면 긍정적인 결과를 가져올 수 있는 것처럼 개인의 일상에서도 긍정적인 변화를 쉽게 만들어낼 수 있다.

예를 들어, 현재 출퇴근이나 운동 중에 무작위로 음악을 듣거나, 가벼운 오락성 콘텐츠를 선택하고 있다면 자기계발이나 학습과 관련된 팟캐스트나 오디오북을 기본값으로 바꿀 수 있다. 이를 통해 통근이나 운동 시간이 자동으로 학습 시간으로 바뀐다. 스마트폰 사용 시 SNS 앱을 무의식적으로 실행한다면 휴대폰 홈 화면 첫 번째 위치에 평소에 습관을 들이고 싶었던 경제신문이나 영어 앱을 배치해두자. 습관적으로 스마트폰을 열어도 생산적인 활동으로 전환할 수 있다.

퇴근 후 소파에 누워 TV나 넷플릭스를 보는 것 때문에 운동을 못 한다면, TV 앞에 요가 매트나 운동 기구(덤벨, 스트레칭 밴드 등)를 배치해 앉아서 보더라도 간단히 움직일 수 있도록 행동의 기본값을 바꿔보자. TV를 보면서도 자연스럽게 가벼운 운동이나 스트레칭을 시작할 가능성이 높아진다.

간식의 기본값을 바꿀 수도 있다. 배고프거나 스트레스를 받을 때 쉽게 손이 가는 과자, 초콜릿 등이 책상이나 주변에 놓여 있다면, 지금부터 견과류, 말린 과일 등 건강 간식으로 바꿔두자. 입이 심심하거나 출출하여 간식을 찾을 때 무의식적으로 건강한 옵션을 선택할 수 있다. 마찬가지로 배달 음식을 주문할 때 치킨이나 자장면 같은 음식을 즉흥적으로 선택한다면, 배달 앱의 즐겨찾기에 샐러드나 그릴 요리 등 건강한 메뉴를 등록해둘 수 있다.

개인의 일상에서 행동의 기본값을 활용하려면 '자동화'와 '단순화'를 핵심으로 삼아야 한다. 행동의 기본값을 미리 설계하고 습관화하면, 인지적 부담 없이 원하는 행동으로 자연스럽게 이어질 수 있다.

함께하는 사람을 바꿔라

환경 중에서도 사회적 환경은 행동에 가장 큰 영향을 미친다. 인간은 사회적 동물이며, 주변 사람들의 행동과 태도에 강하게 영향을 받는다. 이를 설명하는 대표적인 이론은 사회적 전염 이론이다. 하버드 대학의 크리스토퍼 크리스타키스와 제임스 파울러의 연구는 우리의 감정과 행동이 사회적 네트워크를 통해 전염된다는 사실을 보여준다.

연구에 따르면, 친구가 체중이 증가하면, 그 친구의 체중이 증가할 가능성이 57% 더 높아진다. 반대로, 친구가 체중을 줄이면 그 친구가 체중을 줄일 가능성이 30% 이상 높아진다. 같은 맥락으로 친구가 운동을 시작하면 자신도 운동을 시작할 확률이 높아진다. 또한, 행복한 친구와 가까이 지내면 자신이 행복해질 확률이 15% 증가하고, 그 영향은 친구의 친구, 심지어 친구의 친구의 친구까지 최대 3단계에 걸쳐 이어질 수 있다. 흡연과 금연도 마찬가지로 친구의 행동에 따라 자신의 흡연 여부가 크게 영향을 받는다.

하버드 대학교 사회심리학 교수 데이비드 맥클레랜드에 따르면, 우리가 습관적으로 어울리는 사람들을 '준거 집단'이라고 하는데 그들이 우리 인생의 성패를 95퍼센트나 결정한다고 한다. 미국의 동기부여 연설가이자 작가인 찰스 트레멘더스 존스는 이런 말을 남겼다.

"누구와 어울리고 무엇을 읽는가, 이 두 가지가 바뀌지 않으면 5년 후의 모습도 지금과 똑같을 것이다."

한 사람의 환경에서 가장 중요한 요소는 바로 사람이다. 인생에서 다른 것은 모두 그대로 두고 사람만 바꿔도 성공 가능성이 크게 높아진다.

함께하는 사람의 태도와 행동은 우리의 환경과 습관을 형성하고, 결국 우리의 인생을 크게 좌우한다. 부정적인 영향을 주는 사람들과의 관계를 줄이고, 긍정적이고 목표 지향적인 사람들과 어울릴 때, 우리의 환경과 행동이 자연스럽게 바뀌고 더 나은 결과를 얻을 수 있다. 성공적인 삶을 원한다면, 먼저 주변 사람들을 돌아보고 어떤 사람들과 시간을 보내고 있는지 고민해보는 것이 중요하다. 결국, 당신도 그들이 가는 방향으로 나아가게 될 것이다.

환경이 곧 행동이다

환경은 행동을 만드는 강력한 힘이다. 의지력은 강력해 보이지만, 한계가 분명한 자원이다. 그러나 환경은 우리 행동의 배경이자 방향을 결정짓는 강력한 힘으로, 이를 바꾸는 것이 훨씬 더 지속 가능한 변화를 만든다. 이제 당신이 해야 할 일은 간단하다. 환경을 바꾸고, 행동의 기본값을 새롭게 설정하며, 당신의 삶에 긍정적인 영향을 줄 사람들과 더 많은 시간을 보내는 것이다.

에너지 근육을 키우는
의외의 방법

: 스트레스 가운데로 가라

　근육을 키우려면 한계점을 넘어 근육을 사용해야 한다. 이와 마찬가지로 우리의 에너지 근육도 스트레스 상황에서 성장할 수 있다. 새로운 프로젝트, 복잡한 문제 해결, 혹은 도전적인 역할을 맡는 것은 정신적인 긴장을 불러일으킨다. 그러나 적절한 수준의 스트레스는 정신력을 강화하고 창의력을 최대치로 끌어내며, 더 복잡한 상황에서도 대처할 수 있는 적응력을 만든다. 따라서 에너지 근육을 키우려면 스트레스 상황을 회피하는 것이 아니라 오히려 좋은 스트레스를 주는 환경에 기꺼이 뛰어들어야 한다. 그리고 그곳에서 적응력이 뛰어난 학습자가 되어야 한다.

　적응력이 있는 학습자가 된다는 것은 곧 환경에 통달한다는 의미다. 새롭고 어려운 환경에 숙달되려면 강제로 자신의 껍질과 습관을 깨뜨리는 수밖에 없다. 당신에게는 선호하는 학습 양식 또는 행동 방식이 있다. 하지만 '당신의 방식'은 당신을 고착시킬 뿐이다. 그보다는 당면한 상황을 주의 깊게 살펴보고 요구되는 행동을 해야만 한다.

개인적 발전과 성공을 향해 빠르게 나아갈 계획이라면 성공에 대한 믿음을 바탕으로 엄청난 도전과 책임이 따르는 상황을 만들어야만 한다. 그리고 마치 큰 파도타기를 할 때처럼 100퍼센트 전력투구해야 한다. 전력투구의 자세를 갖추게 해줄 가장 빠른 길은 자신과 자신의 결정에 투자하는 것이다. 두려움과 불쾌한 감정 역시 받아들여야 하며, 그런 감정들을 마주할 용기를 가져야 한다.[*]

나는 경남의 아주 작은 도시에서 태어났다. 학생 시절, 나는 외국어를 배우는 게 참 재밌었다. 따로 해외여행 한 번 가본 적이 없는 토종이었던 나는 고등학교 2학년 때, 시에서 주관하는 '미국 교환학생 프로그램'에 지원했다. 선생님들은 수능 준비해야 한다며 뜯어말렸지만, 엄마 아빠가 도전해보라고 든든하게 지지해주셨다. 나는 '네 인생에 좋은 기회인 것 같다'라는 부모님의 응원에 힘입어 미국 교환학생 프로그램에 도전했고, 합격했다.

---

[*] 벤저민 하디, 김미정, 《최고의 변화는 어디서 시작되는가》, 비즈니스북스, 2018. 내용 중 일부를 참고하여 작성하였습니다.

미국 교환학생 프로그램은 미국 호스트 가정에서 1년간 지내며 미국의 고등학교를 다니는 프로그램이었다. 미국 호스트 가정에서 교환학생을 선택했기 때문에 나는 미국 어느 지역으로 갈지, 어떤 분들과 살게 될지, 어떤 학교에 갈지 전혀 알 수가 없었다. 약간의 두려움도 있었지만 기대감이 더욱 컸다. 미국에서 진짜 미국인들과 함께 살고 이야기하며 공부하는 경험은 내게 영어와 미국 문화를 배우는 최고의 환경이라고 생각했기 때문이다.

커다란 이민 가방에 내 짐을 챙기면서 미국에 가 있을 동안에는 한국인들과 교제하지 않고 미국 친구들과만 지내겠다는 결심을 했다. 스스로 한 환경 설정이었다. 내가 배정된 곳은 텍사스주였고, 호스트 엄마 아빠는 아이 없이 고양이 두 마리를 키우고 있었다. 나는 호스트 엄마 아빠에게 첫날부터 'Dad, Mom'이라고 불렀고 그들도 나를 다른 사람들에게 'My daughter'라고 소개했다. 한국의 부모님께 안부 전화를 할 때 빼고는 나는 한선영이 아닌 내 영어 이름이었던 'Sunny'로 살아갔다. (호스트 부모님께서 '선영'이라는 발음을 잘 못하셔서 애칭으로 부르셨다.) 언어가 잘 통하지 않을 때도 있었지만, 손짓, 발짓을 해가며 의사소통을 했고, 가족의 일원으로서, 그리고 학생으로서 부족한 부분을 채우기 위해 매순간 열심히 노력했다.

평생 살면서 본 외국인을 손에 꼽을 정도였던 내가 고등학생이라는 신분으로 익숙한 고향과 부모님을 떠나 혼자 혈혈단신으로 미국에 간다는 것은 상당한 도전이었다. 하지만 이 결정이 내 인생에 좋은 결과를 주도록 만들 자신이 있었다. 이 선택을 정답으로 만드는 것은 온전히 나의 몫이었기에 주어진 하루를 충실히 보냈다. 교환학생 프로그램이 끝나고 다시 한국으로 돌아왔을 때 나는 전혀 다른 내가 되어 있었다.

'적응력이 뛰어난 학습자'는 현재에 안주하지 않고 끊임없이 성장하려 한다. 그들은 낯선 상황에 몸을 던지고, 새로운 경험을 통해 자신의 정체성을 변화시킨다. 이를 위해 그들은 익숙하지 않은 역할에 도전하고, 다양한 문화를 받아들인다. 배운 모든 것을 적극 수용하고 과감히 행동에 옮김으로써, 새로운 환경에 신속히 자신을 맞춰 나간다.[**]

대학교 4학년을 막 졸업하고 교육 회사에 입사했을 때의 일이다. 입사한 지 1년 만에 대표님께서 외부 강의를 함께 하자고 하셨다. 아직 신입사원이었는데 많은 사람들 앞에서 강의를 한다는 게 부담스럽게 느껴지고, 생각만 해도 떨렸다. 하지만 거절하지 않고 'YES'라고 대답해버렸다. 그 상황에 나를 던져버린 것이다.

이미 경력이 있는 다른 강사님들은 여유가 있어 보였지만, 나는 완전 초보였기 때문에 그날부터 강의를 수강할 고객들을 꼼

[**] 벤저민 하디, 김미정, 《최고의 변화는 어디서 시작되는가》, 비즈니스북스, 2018. 내용 중 일부를 참고하여 작성하였습니다.

꼼하게 분석하고, 그에 맞게 강의안을 준비했다. 부족한 부분을 보완하기 위해 강의안과 함께 강의 대본도 꼼꼼히 준비했다. 이렇게 하면 더 효과적으로 전달할 수 있을지, 어떻게 하면 마지막 순간까지 청중들이 집중해서 들을 수 있을지 연구했다. 먼저 강의를 해본 선배에게 찾아가 물어보기도 했다. 그리고 종이가 너덜너덜해질 때까지 반복하고 또 반복해서 연습했다. 그렇게 강의를 한 번 하고, 두 번 하고 강의 횟수가 쌓이기 시작했다.

강의를 해야 한다는 생각만 해도 떨렸지만, 강의할 기회가 있을 때마다 거절하지 않았다. 하면 할수록 강사라는 정체성이 강화되고 그에 따른 실력도 올라갔다. 수많은 전문 강사들이 함께한 프로젝트를 마무리하는 날, 놀랍게도 강사 평가 1등을 받게 되었다. 이런 경험이 스스로에 대한 신뢰와 자신감을 쌓게 되는 소중한 자산이 되었다.

많은 운동선수들은 대회 준비 과정에서 스트레스를 받는다. 올림픽 메달리스트들은 강도 높은 훈련과 경쟁이라는 스트레스 상황을 겪지만, 이를 통해 자신감을 키우고 더 뛰어난 경기력을 발휘한다. 우사인 볼트는 "도전적인 목표를 설정하고 이를 이뤄나가는 과정이 스트레스 같지만, 나를 최고의 상태로 끌어올린다."라고 이야기했다.

에너지 근육을 키우는 것은 단순히 스트레스 상황에 직면하는 것만이 아니다. 그것은 적응하고 성장하려는 의지와 지속적으로 자신을 단련하려는 태도에서 비롯된다. 스트레스 상황은 우리가 피하고 싶은 불편함이 아니라, 새로운 가능성을 발견하고 자신의 한계를 확장할 기회이다. 우리의 에너지 근육은 이렇게 스트레스를 기회로 삼고, 실패를 배움의 원천으로 활용하며, 자신을 끊임없이 개선하려는 태도를 통해 강해진다. 기꺼이 좋은 스트레스에 뛰어들고, 이를 통해 더 강한 자신이 되는 것, 이것이야말로 에너지 근육을 키우고 성장하는 삶의 진정한 모습이다.

권태감을 극복하는
2가지 확실한 방법

매일 특별한 일 없이 따분한 일상이 권태롭게 느껴지는가? 인생이 재미가 없고 심심하다고 느끼면 대부분의 사람들이 스마트폰이나 TV를 튼다. 하지만 순간의 심심함이 해소될 뿐, 오히려 큰 자극 뒤에 더 큰 공허함이 밀려온다. 그렇게 다시 이전보다 더 큰 자극에 중독되는 악순환이 반복된다. 그렇다면 어떻게 이 권태감을 슬기롭게 극복할 수 있을까?

우선, '권태감'이라는 감정을 먼저 제대로 알아보자.

[국어사전]
"**권태롭다** : 어떤 일에 싫증이 나거나 심신이 나른해져서 게으른 데가 있다."

대부분 사람들은 권태감을 매우 부정적인 감정으로 본다. 하지만 철학자 하이데거는 이 권태를 인간의 '근본 기분'으로 정의했다. 근본 기분이란 우리가 느끼는 많은 기분들 중에서도 실존론적으로 더 탁월한 기분을 뜻한다. 하이데거는 왜 권태를 가장 중요한 기분 중 하나로 선택했을까?

하이데거는 인간이 '자신의 존재에 대한 의미'를 찾지 못할 때 이 권태를 느낀다고 했다.* 따라서 문득 '권태롭다'라는 감정이 들 때, 나에게 엄청난 기회가 왔다고 생각하자. "나는 누구인지, 나는 어떻게 살 것인지"에 대한 성찰의 기회 말이다!

누구나 바쁜 일상을 보내다 보면 이런 성찰의 시간을 가지기 쉽지 않다. 하지만 이 '권태'의 감정을 통해 또 다른 내가 나에게 말을 걸어오는 것이다. '잠깐 시간 내서 내 삶을 한 번 돌아보는 게 어때?'라고 말이다. 이제부터 권태감이 들 때는 노트와 펜을 들고 분위기 좋은 카페로 가보자. 그리고 내 삶의 의미를 찾는 질문들을 스스로에게 던져 보자. 내면에서부터 꽉 차오르는 단단한 에너지를 느낄 수 있을 것이다.

<내 삶의 의미를 찾는 질문 LIST>
- 죽을 때 주위 사람들에게 어떤 사람으로 기억되고 싶은

---

* 곽지혜, 〈하이데거의 실존론적 근본기분(Grundstimmung) 연구 : 현존재의 불안과 권태 개념을 중심으로〉, 《충남대학교 대학원 석사학위논문》, 충남대학교, 2022.

가?

- 지금까지 내 인생의 10대 사건은 무엇인가? 그 이유는?
- 앞으로의 삶에서 어떤 10대 사건을 만들고 싶은가? 그 이유는?
- 내가 가진 강점으로 누구에게 가장 큰 도움을 줄 수 있을까?
- 미리 내 인생 유언장을 작성해본다면?
- 내 인생을 요약하는 3가지 키워드는 무엇인가?

　권태를 극복하는 두 번째 슬기로운 방법은 바로 '새로운 학습 곡선'을 만드는 것이다. 모르는 것 없이 빠삭하게 일을 꿰뚫고 있을 때, 모든 일의 흐름을 장악하여 안정적이라고 느낄 때, 오히려 이런 순간에 무료함을 느끼기 쉽다.

　그래서 뭔가 일상이 재미없고 따분하다는 생각이 들 때, 나는 새로운 것을 배워본다. 이전에 도전하지 않았던 것들을 하나씩 해보기도 한다. 전에 근무했던 회사에서 교육 운영팀에 있을 땐, 영업과 마케팅에 대해 배우러 다녔다. 누가 시킨 적도 없었지만 배운 걸 적용해 기존에 계획되지 않았던 새로운 기수를 모집하기도 했다. 운영만 하다가 영업까지 '쓱' 해보면서 업무 영역을 조금씩 확장해보는 거다. 또 한 번은 그달의 매출 목표를 달성하기 위해 이전에 한 번도 써보지 않은 전자책을 제작해보기도 했다. 대면으로 진행되던 대표님의 컨설팅 교육을 고가의 전자책으로 만들어 새로운 수입원을 만든 것이다.

일상에서도 마찬가지다. 한 번도 시도해보지 않았던 요리를 도전해보거나, 읽지 않았던 분야의 책을 사보기도 한다. 취미로 새로운 것을 배워보는 일도 큰 도움이 된다.

나의 멘토 중 항상 즐겁고 유쾌하게 사시는 분이 있는데, 매번 배드민턴, 자전거 라이딩, 카혼, 기타 등 다양한 취미를 찾아 즐기신다. 이렇게 이전에 해보지 않았던 영역에서 크고 작은 것들을 도전하다 보면 그 자체가 삶에서 즐거운 원동력이 된다. 이 경험은 유튜브 쇼츠가 주는 짧은 즐거움과는 비교할 수 없는 크고 지속적인 즐거움이다.

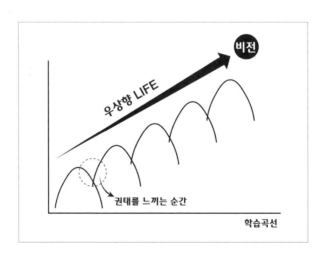

그리고 정말 슬기로운 사람은 아무거나 배우지 않는다. 첫 번째 방법에서 살펴본 '내 삶의 의미'를 이루기 위한 학습곡선에 집중한다. 트렌드나 다른 사람의 취향이 아닌, 내 비전을 이루기 위한 학습곡선을 그려나간다. 이런 사람들의 인생 그래프는 새로운 학습곡선을 통해 계속 우상향으로 올라간다. 권태를 극복하는 방향과 비전의 방향을 일치시키면 성장의 가속도를 폭발적으로 높일 수 있다.

'고난'이 '놀이'가 되는 리프레이밍 효과

누구나 목표를 향해 달려가는 첫 시작은 의욕과 에너지가 넘친다. 그러나 아무리 즐겁고 힘차게 시작했다 하더라도, 누구에게나 어려움이 닥칠 때가 있다. 이때 '리프레이밍(Reframing)'을 활용하면 고난 때문에 주저앉는 것이 아니라, 오히려 원동력으로 삼을 수 있다.

내 동생이 한 회사의 물류 아르바이트를 할 때 이야기다. 매일 반복적인 데이터를 입력하고, 수백 개의 박스를 테이핑하는 일이었다. 반복적인 일을 하다 보니 지루했고, 화려해 보이는 다른 팀과 비교하니 자신의 일이 하찮고 무기력하게 느껴졌다.

그러나 일의 의미를 재정의하며 생각을 전환하니 놀라운 변화가 생겼다. 동생은 "이 일은 지겹고 의미가 없다."에서 "이 데

이터는 회사의 중요한 의사결정을 지원한다."라고 재정의했다. 이런 중요한 일을 맡고 있다고 생각하니 사명감이 생길 정도였다. 동생은 물류 프로세스를 효율화하기 위해 당시 수동으로 하던 업무를 엑셀로 모두 자동화시켰다. 또한, 주문 데이터나 재고 관리에 적용할 만한 다양한 아이디어를 구상하고 실천했다. 이를 통해 단순 작업에도 성취감을 느꼈고, 새로운 업무 프로세스가 회사에 도입되었다.

이처럼 리프레이밍은 부정적이거나 어려운 상황을 새로운 시각에서 재해석하여 긍정적으로 바꿀 수 있는 강력한 기술이다. 이를 일상에서 적용하는 구체적인 실천 방법을 알아보자.

1. 관점을 바꾸는 질문 던져보기

부정적인 생각이 들 때면 이렇게 질문해보자.

"이 상황에서 내가 배울 점은 무엇일까?", "이 상황의 긍정적인 측면은 무엇인가?"

예시)

"왜 하나부터 열까지 안 맞는 저 사람과 같은 팀이 된 거야. 이참에 그만둬버릴까?" → "저 사람을 통해 내 마음의 그릇이 정말 커지겠구나. 나와 다른 사람도 포용할 줄 아는 법을 훈련하는 시기인가보다."

"도대체 이 추운 날 왜 현장 근무를 시키는 거야. 짜증나 죽겠네." → "모든 경영의 답은 현장에 있다고 했지. 항상 사무실에 있어서 현장을 잘 몰랐는데, 이참에 어떤 어려움이 있는지 잘 관찰해서 업무를 개선해보자."

2. 부정적 언어를 긍정적인 표현으로 바꾸기

단어 하나만 바꿔도 생각이 바뀔 수 있다. 습관적으로 사용하는 부정적인 말이 있다면, 긍정적인 단어로 하나씩 바꿔보자.

예시)
'불가능한 일' → '도전적인 일'
'부족함' → '개선할 점'
'못생긴 얼굴' → '개성 있는 얼굴'
'비판' → '조언'
"부장님은 왜 프로젝트 보고할 때마다 저렇게 (비판)하는 거야. 날 엄청 싫어하나봐." → "내가 성장할 수 있도록 꼼꼼하게 (조언) 해주셔서 감사하다. 말씀해주신 거 적용해서 프로젝트를 좀 더 발전시켜보자."

3. 감사 찾는 연습하기

어떤 상황에서도 감사한 걸 찾는 것도 능력이다. "감사합니다."라는 말을 많이 하면 감사할 것들이 더 많이 생긴다.

예시)

"왜 나한테만 이렇게 힘든 일을 골라 시키는 거야" → "원래 제일 까다로운 업무는 회사 내에서 제일 믿을만하고 능력 있는 사람에게 맡기는 법이지. 팀장님께서 나를 이렇게 신뢰해주셔서 감사하다. 어디 한번 잘 해내 보자!"

"모처럼 해외여행 왔는데, 비가 와서 다 망쳤어." → "비가 오니 더 운치 있고 분위기 있네. 갑자기 비가 오지 않았더라면 이렇게 낭만적인 카페를 우연히 찾는 행운은 없었을 거야."

리프레이밍은 훈련과 반복을 통해 자연스럽게 익힐 수 있는 기술이다. 매일 작게라도 실천하면 어떤 부정적인 상황에서도 긍정적인 의미와 기회를 발견할 수 있을 것이다.

LOW ▲ HIGH

분노가 끌어오를 때는
종이에 토해라

함께 상상해보자.

　10주년 결혼기념일을 맞이하여 큰맘 먹고 금요일 저녁 호
텔 디너를 예약했다. 마침 불꽃놀이 축제까지 하는 날이라, 몇
주 전부터 온 가족이 오늘만 손꼽아 기다렸다. 먼저 퇴근한 남
편이 아이들을 데리고 약속 장소로 가는 중이라고 연락이 왔
다. 서둘러 일을 마무리하고 퇴근하려는 찰나, 팀장님이 갑자
기 불러 세운다.
　"이과장 이 자료 정리 좀 부탁할게. 오늘까지 거래처 넘겨야
하거든. 그럼 수고해."
　하는 수 없이 일을 마무리하고 부랴부랴 퇴근했지만, 이미

약속 시각에 2시간이나 늦었다. 불꽃놀이는 모두 끝났고 아이들은 잠들어 있었다. 남편은 화가 나서 말도 하지 않았다.

인생에 한 번뿐인 10주년 결혼기념일을 망친 팀장이 원망스럽고 괘씸했다.

자, 이 상황에서 당신의 선택은?

1. 월요일 출근하자마자 팀장 멱살을 붙잡고 소리친다. 팀장 책상을 엎어버리고 의자도 한 번 걷어찬다.
2. 팀장을 싫어했던 동료에게 가서 입이 아플 정도로 험담한다.
3. 분노의 감정이 없어질 때까지 종이에 쓴다.

첫 번째 방법은 제일 파괴적인 방법이다. (상상 속에서는 이미 여러 번 했겠지만) 현실적으로는 어려운 방법이기도 하다. 두 번째 방법은 대부분 사람들이 하는 가장 쉬운 선택이다. 그러나 함께 뒷말하는 것은 동료와 끈끈한 유대감만 생길 뿐, 생각보다 달라지는 건 없다. 세 번째 방법은 답답하고 느려 보이지만 의외로 문제를 해결하는 가장 빠르고 효과적인 방법이다. 화가 났을 때 종이에 적어본 적이 없다면, 이 방법이 얼마나 큰 도움이 되는지 아마 상상도 못 할 것이다.

심리학 연구에 따르면, 종이에 감정을 적는 것만으로도 스트레스가 줄어든다. 종이에 적는 행위를 통해 마음속에 갇혀 있던 생각과 감정들이 외부로 표출되는데, 이를 '감정 외재화'라고 한다. 이렇게 내면의 감정을 시각적으로 표현하는 것만으로도 마음이 편안해지고 스트레스가 완화된다.

또한 화가 날 때 종이에 쓰면 문제 해결 능력도 높아진다. 분노는 '감정의 뇌'인 편도체에서 발생하는 강렬한 감정인데, 분노가 강하면 강할수록 '이성의 뇌'인 전두엽은 상대적으로 약화된다. 종이에 적는 행동은 전두엽을 다시 활성화시켜 논리적 사고를 촉진하고 실질적인 해결책을 찾는 데 도움을 준다.

미국 역사상 가장 존경받는 대통령 중 한 명인 링컨 대통령은 화가 날 때마다 상대방에게 편지를 썼다. 하지만 이 편지들은 실제로 보내지 않고 서랍에 보관하거나 폐기하곤 했다. 링컨은 '보내지 않은 편지'로 자신의 감정을 가라앉히고 충동적 행동을 피하는 대신, 전략적으로 문제를 해결하는 데 집중했다.

누구나 화가 날 수 있다. 화는 인간이라면 당연히 느끼는 보편적 감정 중 하나다. 따라서 이 감정을 외면하거나 억누를 필요는 없다. 그러나 분노를 어떻게 다스리느냐에 따라 우리 삶의 방향이 크게 달라질 수 있다.

최근에 당신이 가장 화가 났던 때는 언제인가?

잠깐 책을 덮고 가장 화가 났던 순간을 종이에 토해보자.

뭐부터 써야 할지 모르겠다면, 아래 질문을 참고하면 된다.

<감정 일기 작성하는 방법>

1. 무슨 상황이었나?

금요일 저녁 10주년 결혼기념일을 맞이해 호텔 디너를 예약했다. 업무를 미리 마무리하고 퇴근하려는데, 갑자기 팀장님이 일을 시켰다. 그 바람에 몇 주 전부터 준비한 축하 파티를 모두 망쳐버렸다.

2. 어떤 감정을 느꼈나?

마음속에 분노가 부글부글 끓어 올랐다. 너무 화가 나고 팀장님이 미웠다. 스스로가 답답하게 느껴지기도 했다.

3. 왜 그런 감정을 느꼈나?

중요한 일을 제때 끝내지 못하고 남에게 떠넘기는 팀장이 무능하게 여겨졌다. 그 일을 미리 줬더라면 퇴근 시간 전에 빨리 처리했을 텐데, 하필 퇴근 직전에 주는 거 보니 나를 괴롭히려는 것 같아 화가 나고 미웠다. 중요한 약속인데도 다음 달 인사 평가 때문에 안 된다고 하지 못하는 나 자신도 답답했다.

4. 다른 관점에서 본다면?

팀장님은 나와 달리 굉장히 꼼꼼하고 디테일한 성격이다. 뭐든 빨리빨리 처리하는 내가 보기엔 가끔 느리고 답답해 보일 때도 있지만, 내가 보지 못한 것을 항상 체크하고 조언해주시기도 한다. 나는 일이 끝났다고 생각했지만, 이번 프로젝트에서 세부적으로 내가 놓친 것이 있을지도 모른다.

5. 다음에는 어떻게 대처하면 좋을까?

월요일에 미리 이번 주에 끝낼 업무에 대해 팀장님과 논의하고, 마감 시간은 항상 하루 여유 있게 잡아야겠다.

중요한 일정이 있을 경우, 미리 팀장님과 팀원들에게 양해를 구하자.

(*처음 작성할 때는 1번부터 3번까지만 써도 충분하다. 감정을 종이에 토하는 것만으로도 매우 효과가 있기 때문이다. 물론 4, 5번도 함께 작성하면 금상첨화다!)

오늘부터 화가 나는 순간에는 종이와 펜을 꺼내자. 이 작은 행동으로 인해 당신의 분노가 파괴적인 에너지가 아닌, 성장과 변화의 원동력으로 전환될 것이다. 당신의 감정을 적는 순간, 복잡하고 요동치던 마음이 조금씩 정리되며 평온해질 것이다. 이 단순한 행동이 생각보다 훨씬 강력한 힘을 가진다는 걸 직접 경험하길 바란다.

매일의 일상을
귀하게 채워라

우리는 종종 자존감과 내적 에너지를 높이기 위해 사람들의 인정과 존경을 받으려 애쓴다. 더 좋은 물건을 사고, 더 높은 지위를 얻기 위해 노력한다. 하지만 이런 외적인 것들에 집중할수록 우리는 점점 지쳐가기 마련이다. 진정한 자존감과 에너지의 원천은 따로 있다. 그것은 바로 우리가 일상을 얼마나 소중하게 여기고, 나 자신을 얼마나 사랑하는지에 달려 있다.

방송인 홍진경 씨는 한 프로그램에서 이렇게 말했다.

"남에게 보이는 자동차, 옷, 구두, 액세서리 이런 것보다도, 제가 늘 베고 자는 베개의 면, 내가 맨날 입을 대고 먹는 컵의 디자인, 매일 내가 지내는 내 집의 정리 정돈 여기서부터 자존감이 시작되는 것 같아요. 매일의 일상을 귀하게 채워 나가다 보면 나의 자존감으로 자연스레 이어지게 되고, 내 이름을 걸고 일을 할 때 놀라운 성취로 발현될 수 있어요."

이 말은 단순히 자존감을 높이는 방법을 넘어, 우리의 일상에서 어떻게 에너지를 관리해야 하는지에 대한 중요한 메시지를 담고 있다. 사람들은 종종 외부에서 인정받기 위해 애쓰지만, 진정한 에너지는 나 자신을 귀하게 대하는 태도에서 비롯된다. 매일 베고 자는 베개의 질감처럼 나를 둘러싼 사소한 환경과 물건들이 내 삶에 미치는 영향을 간과할 수 없다.

삶은 하루하루 쌓여가는 작은 순간들의 집합이다. 우리가 사용하는 물건, 생활하는 공간, 심지어 매일 반복하는 행동 하나하나가 우리의 에너지 수준과 자존감을 결정한다. 잘 정리된 집, 아름다운 컵의 디자인, 편안한 베개는 단순한 물건이 아니라, 나를 돌보는 마음이 반영된 결과물이다. 이러한 작은 실천이 쌓일 때, 우리는 스스로를 더 귀하게 여기게 되고, 내면의 에너지가 강해진다.

'보여주기 위한 삶'은 쉽게 피로를 가져온다. 남의 시선을 의식하며 산다는 것은 끊임없이 비교하고, 부족함을 채우기 위해 소비하게 만든다. 반대로, '나를 위한 삶'은 에너지를 충전시키는 힘이 있다. 매일 아침 정돈된 방에서 눈을 뜨고, 나만의 기준으로 고른 물건을 사용하며, 스스로 만족스러운 하루를 보낸다면, 자존감은 자연스럽게 따라온다. 자존감이 높은 사람은 자신만의 리듬으로 삶을 살아간다. 그들은 다른 사람의 기준에 얽매이지 않고, 자신의 가치를 스스로 정의한다. 이를 위해서는 먼저 '나에게 가장 중요한 것이 무엇인지'를 알아야 한다. 단순히 값비싼 물건이 아니라, 내가 진정으로 소중히 여길 수 있는 것들로 내 공간을 채우는 것. 이것이 바로 내면의 에너지를 관리하는 첫걸음이다.

자존감이란 결국 자기 자신에 대한 존중과 사랑이다. 그리고 이 존중은 우리가 매일 어떻게 살아가느냐에서 비롯된다. 단순히 물건을 잘 관리하고 좋은 물건을 사용하는 것을 넘어서, 우리의 매일을 대하는 태도가 중요하다. 나 자신에게 정성스러운 태도로 대하고, 하루하루를 소중히 여길 때, 자존감은 자연스럽게 우리 삶에 스며들게 된다. 이를 위해 우리는 우리의 일상을 돌아볼 필요가 있다. 내가 매일 사용하는 물건들, 내가 살아가는 공간, 내가 나에게 들이는 시간. 이 모든 것이 지금의 나를 반영하고 있지 않은가? 지저분한 방, 닳고 해진 물건, 대충 때우기 위해 먹는 식사. 이런 것들은 모두 나 자신을 소홀히 대하는 태도의 결과일 수 있다. 반면, 깨끗하게 정리된 방, 나만의 취향이 담긴 물건, 그리고 정성스럽게 준비한 한 끼의 식사는 나를 존중하고 사랑한다는 무언의 메시지가 된다.

나를 둘러싼 작은 것들을 주의 깊게 살피고 하나하나 정성을 쏟다 보면, 어느새 삶의 무게 중심이 나에게로 옮겨오게 된다. 외부의 기준이 아닌 내 안에서 답을 찾게 되는 것이다. 그렇게 내적으로 단단해질수록 우리는 어떤 상황에서도 흔들리지 않는 힘을 얻게 된다. 이것이 바로 진정한 자존감의 힘이고, 우리를 버티게 하는 원동력이 될 것이다.

결국 자존감과 내면의 에너지는 밀접히 연결되어 있다. 일상의 소중함을 깨닫고 나를 있는 그대로 사랑할 때, 비로소 우리의 내적 에너지는 피어오른다. 그리고 이렇게 내면이 단단해질 때 우리는 비로소 우리의 이름을 내걸 만한 가치 있는 일들을 해낼 수 있게 된다.

이제 당신의 일상을 돌아보자. 나를 위한 물건, 나를 위한 공간, 나를 위한 시간이 충분히 마련되어 있는가? 만약 그렇지 않다면, 지금부터라도 하나씩 바꿔보자. 집안을 정리하거나, 오래된 컵을 바꾸거나, 좋아하는 향을 방에 채우는 작은 행동들이 쌓이면 큰 변화를 만들어낸다. 이러한 작은 실천들이 쌓여 여러분의 에너지와 자존감을 높이고, 궁극적으로 더 큰 성취로 이어질 것이다. 자존감을 높이고 내면 에너지를 관리하는 것은 화려한 목표나 특별한 환경에서 시작되지 않는다. 오히려 그것은 우리의 가장 일상적인 순간들 속에서 자라난다.

LOW ▲ HIGH

성공한 사람의 하루는
저녁에서부터 시작된다

우리는 흔히 하루를 아침부터 시작한다고 여긴다. 알람 소리에 눈을 떠 하루를 시작하고, 저녁에는 피곤한 몸을 이끌고 잠자리에 든다. 이 일상의 순환은 너무나 익숙하고 당연하게 느껴진다. 그러나 만약 하루가 아침이 아니라 저녁부터 시작된다고 생각한다면 어떨까?

실제로 이런 독특한 시간 개념을 가지고 살아가는 민족이 있다. 바로 유대인들이다. 유대인들은 하루를 저녁부터 시작한다고 여긴다. 이는 성경 창세기에서 비롯된다. 창세기에서는 하나님이 세상을 창조하는 과정을 묘사하며, 하루의 시작을 이렇게 기록한다.

"저녁이 되고 아침이 되니, 이는 첫째 날이니라."

(창세기 1장 5절)

여기서 하루는 저녁에서 시작되어 아침으로 끝나는 구조로 설명된다. 이 때문에 유대교에서는 하루가 해가 질 때부터 시작된다고 보며, 저녁 시간을 신성하게 여긴다. 매주 금요일 해질 때부터 시작되는 안식일 '샤밧'은 일과 스트레스를 내려놓고, 가족과 함께 조용한 시간을 보내며 영적으로 재충전하는 의식이다. 또한 저녁 시간에 경전을 읽으며 내면을 성찰하고, 하루를 마무리하는 기도를 통해 내일을 준비한다. 이처럼 유대인의 하루는 저녁의 재충전과 준비로 시작된다.

저녁이 내일의 질을 결정한다

유대인의 하루 시작 방식은 우리에게 중요한 통찰을 준다. 저녁 시간을 어떻게 보내느냐에 따라 다음 날의 에너지, 마음가짐, 그리고 성과가 결정된다는 점이다. 대부분의 사람들은 저녁을 무심코 흘려보낸다. 일을 마치고 집에 와 소파에 늘어지거나, 스마트폰을 만지작거리며 시간을 보낸다. 하루를 마무리하는 시간이라는 생각에 대충 보내기 십상이다. 그러나 잠들기 전 어떤 활동을 하느냐에 따라 수면의 질과 다음 날의 컨디션이 판가름 난다.

세계적인 성공 멘토 짐 론(Jim Rohn)은 "하루를 어떻게 마무리하느냐가 내일의 성공을 결정한다"고 강조했다. 그는 매일 저녁 하루를 돌아보고 반성하는 시간을 가졌는데, 이를 통해 자신의 삶을 끊임없이 개선해 나갈 수 있었다고 한다. 애플의 창업자 스티브 잡스도 잠들기 전 내일 할 일을 미리 정리하는 습관이 있었다고 전해진다. 이처럼 성공한 사람들은 저녁 시간을 자신만의 방식으로 활용하며 내일을 준비한다.

시간 관리 강사로 활동하며 새벽에 일찍 일어나고 싶지만 매번 실패하는 사람들의 공통점을 하나 발견했다. 바로 저녁을 제대로 계획하지 않았다는 것이다. 밤늦게까지 스마트폰을 보거나 술자리를 가지면서 새벽 5시에 일어나는 것은 불가능하다. 그러니 아무리 아침 일찍 일어나려 해도 실패할 수밖에 없었다. 결국 아침의 성공은 저녁에서 시작되는 것이다.

잠을 계획하라

저녁을 하루의 시작으로 여긴다면, 가장 먼저 계획해야 할 것은 바로 수면이다. 우리는 흔히 "잠은 죽어서도 잘 수 있다"라고 말하며 수면 시간을 줄여 생산성을 높이려 한다. 하지만 이는 완전히 잘못된 접근이다. 잠은 우리의 뇌와 몸을 재부팅하는 과정이다. 낮 동안 피로에 지친 세포를 복구하고, 기억을 정리하며, 창의력을 재충전한다. 잠들기 전 저녁 시간을 어떻게 보내느냐에 따라 수면의 질이 결정된다. 잠들기 직전까지 스마트폰 화면을 응시하거나 업무를 고민한다면, 뇌는 각성 상태를 유지하며 숙면을 방해받는다. 반대로, 차분히 하루를 돌아보고 명상이나 독서를 통해 마음을 정리한다면 깊은 숙면이 가능해진다.

현대인들은 수면을 하루의 마지막에 남는 시간으로 취급하지만, 하루를 설계할 때 수면 시간을 최우선으로 배치해야 한다. 예를 들어, 아침 6시에 일어나야 한다면, 밤 10시~11시에 잠들기 위해 저녁 9시부터는 모든 활동을 정리하고 수면 준비에 들어가는 식으로 계획해야 한다.

저녁 시간을 재구성하자

이제 저녁 시간을 어떻게 보낼지 구체적으로 계획해 보자. 아침 루틴을 중시하는 사람들이 많지만, 저녁 루틴이 없다면 아침 루틴은 반쪽짜리에 불과하다. 먼저 오늘 하루를 되돌아보고 자신을 정리하는 시간을 갖자. 오늘 잘한 일과 아쉬운 점을 돌아보고 가능하면 간단히 기록으로 남기자. 그다음, 내일을 위한 계획을 세우자. 내일의 중요한 목표를 미리 정리해두면, 아침에 에너지를 낭비하지 않고 바로 시작할 수 있다. 또 저녁 시간을 활용해 내일 필요한 것을 미리 준비해두면 다음 날 중요한 일에 곧바로 몰입할 수 있게 된다. 내일 입을 옷을 미리 준비해두거나 가방을 미리 챙겨두는 것만으로도 바쁜 아침을 가뿐하게 만든다.

이제 당신의 하루를 아침이 아닌 저녁에서부터 시작해 보자. 저녁 시간을 어떻게 보내느냐에 따라 당신의 하루는 완전히 달라질 것이다. 내일 아침, 당신이 활기차고 집중된 상태로 하루를 시작할 수 있다면, 그것은 오늘 저녁의 선택 덕분일 것이다. 꼭 기억하자. 당신이 보내는 저녁 시간이 다음 날을 결정한다는 것을.

당신의 삶에서 보고 싶은 변화는 무엇인가? 당신이 그 변화 자체가 될 때, 당신은 세상에 가장 크고 귀한 선물을 남기는 것이다. 세상에 줄 수 있는 가장 귀한 선물은 바로 당신 자신이라는 사실을 기억하며, 다음 챕터부터 나눔과 성장을 통해 변화의 에너지를 확산시키는 방법을 함께 알아보자.

Chapter.6

나눌수록 강해지는
궁극의
에너지 법칙

당신이 세상에 줄 수 있는
가장 귀한 선물은 '당신 자신'이다

종종 우리는 자신의 가치를 충분히 인식하지 못한 채, 나의 부족함과 결핍에만 집중한다. 소셜 미디어의 끊임없는 비교 속에서 우리는 자신을 잃어가고 있다. 현대인은 다른 사람의 기대와 사회의 기준에 맞춰 자신을 정의하려 하지만, 정작 자신의 진짜 모습과 대면할 시간은 부족하다. 하지만 우리 모두에게는 자신만의 고유한 재능이 반드시 있으며, 이 재능과 열정, 그리고 삶의 경험은 세상을 변화시킬 힘을 가지고 있다. 스스로를 돌아보고, 자신만의 고유한 강점을 발견하며, 그것을 나눌 때 비로소 우리의 삶은 새로운 의미를 갖게 된다.

"당신이 세상에 줄 수 있는 가장 귀한 선물은 당신 자신이다."

- 밥 버그,《기버1》

　스스로를 선물로 내놓기 위해 첫 번째로 해야 할 일은 자신을 제대로 이해하는 것이다. 그러나 많은 사람들이 자신을 제대로 알지 못한다. 이유는 간단하다. 우리는 멈추지 않기 때문이다. 멈추어 자신에게 질문하고, 과거를 돌아보고, 진정으로 원하는 삶을 탐구하는 시간을 가지지 않는다. 자신을 이해하는 첫걸음은 멈추고, 묻고, 들어보는 것이다. 내가 진정으로 원하는 것은 무엇인가? 내가 가진 강점과 열정은 무엇인가? 나는 어떤 상황에서 가장 나다워지는가? 나답다는 것은 구체적으로 무엇인가? 이런 질문을 통해 우리는 타인의 시선이 아닌 자신의 시선으로 삶을 바라볼 수 있다.

　자신이라는 선물을 발견하기 위해서는 2가지가 선행되어야 한다. 먼저 과거의 나를 발견하고, 그다음, 미래의 나를 발견하는 것이다.

과거의 나를 통해 '고유 능력'을 발견하라

　베스트셀러 저자이자 조직 심리학자인 벤저민 하디는 그의 저서에서 '고유 능력' 개념을 강조한다. 이는 개인이 타고난 재능과 열정, 강점을 결합하여 가장 가치 있고 효과적으로 기여할 수 있는 능력을 뜻한다.

고유 능력을 발휘하려면, 자신이 개인적으로 좋아하는 일과 싫어하는 일을 정하고, 이에 대한 타인의 의견은 무시해야 한다. 핵심은 자신이 좋아하고, 에너지를 받는 활동은 무엇인지, 그리고 어떤 활동이 그렇지 않은지를 지속적으로 인지하는 것이다.

- 벤저민 하디,《10배 마인드셋》

당신은 좋아하는 일과 싫어하는 일을 분명하게 말할 수 있는가? 당신이 어떤 활동을 할 때 에너지를 받는지 인지하고 있는가? 혹시 본인이 아니라 다른 사람의 결정과 선택에 따라 행동하고 있지는 않은가? 만약 그렇다면 아래 질문에 대해 답을 하며 스스로에 대해 조금 더 객관적으로 다가가길 바란다.

1. 나만의 고유 능력 발견 : 과거 경험에서 찾기
- 내가 가장 즐겁게 몰입했던 활동은 무엇인가?
- 지금까지 내가 가장 큰 성취감을 느꼈던 순간은 언제인가?
- 내가 실패했지만 그 과정에서 많은 것을 배운 경험은 무엇인가?

- 다른 사람들이 내게 자주 요청했던 도움이나 조언은 무엇인가?
- 나의 어린 시절 꿈은 무엇이었는가? 지금의 나와 어떤 관련이 있을까?

2. 나만의 고유 능력 발견 : 열정에서 찾기

- 나는 어떤 주제에 대해 끝없이 이야기하거나 배우고 싶은가?
- 시간을 잊을 정도로 몰입할 수 있는 활동은 무엇인가?
- 나를 흥분시키거나 영감을 주는 일은 무엇인가?
- 돈이나 명예가 필요 없다면 어떤 일을 하며 살고 싶은가?

3. 나만의 고유 능력 발견 : 강점에서 찾기

- 내가 자연스럽게 잘하는 일은 무엇인가?
- 나는 어떤 상황에서 문제를 해결하거나 도움을 주는 데 뛰어난가?
- 내가 가진 기술이나 능력 중에서 다른 사람보다 뛰어나다고 느끼는 것은 무엇인가?
- 다른 사람들이 내게 칭찬하거나 부러워하는 능력은 무엇인가?

위 질문들을 참고하여 자신의 고유 능력을 정의해보자. 물론 나중에 바뀌어도 상관없다. 당신이 구체적으로 어떤 일을 하는 것보다 자신의 고유 능력을 명확히 정의하는 것이 훨씬 더 중요하다.[*]

당신이 진정으로 기쁨과 만족을 느끼는 순간을 떠올려 보자. 타고난 재능은 주로 당신의 감정적 충족감과 연결되어 있다. 만약 특정한 활동이 당신에게 기쁨을 주고, 시간이 가는 줄 모르게 만든다면, 그것이 당신의 고유 능력일 확률이 높다.

<고유 능력 예시>
- 문제를 빠르게 분석하고, 실용적인 해결책을 제시할 수 있는 능력
- 복잡한 정보를 간결하고 명확하게 설명하여 다른 사람들이 쉽게 이해하도록 돕는 능력
- 타인의 감정을 공감하며, 그들이 잠재력을 발휘하도록 격려하는 능력
- 새로운 아이디어를 창의적으로 결합하여 독창적인 결과를 만들어내는 능력
- 팀을 효과적으로 이끌고, 각 구성원의 강점을 극대화하여 협력하는 능력

---

[*] 벤저민 하디, 심채원, 《10배 마인드셋》, 글의온도, 2024, 에 나오는 '고유 능력' 개념을 참고하여 작성했습니다.

- 끊임없는 호기심으로 새로운 지식을 습득하고, 이를 실천 가능한 전략으로 전환하는 능력
- 위기 상황에서도 냉철함을 유지하며, 침착하게 최선의 결정을 내리는 능력
- 다양한 배경을 가진 사람들과 빠르게 신뢰를 형성하고 관계를 구축하는 능력
- 목표를 명확히 설정하고, 이를 체계적으로 실행에 옮길 수 있는 능력
- 미래를 예측하고, 장기적인 비전을 제시하며 이를 구체적으로 실현하는 능력

이렇게 과거의 나를 통해 고유 능력을 제대로 정의했다면, 그 다음은 미래의 나를 발견할 차례이다.

미래의 나 : '자신이 보고 싶은 변화가 되어라'

"자신이 보고 싶은 변화가 되십시오. (Be the change that you wish to see in the world.)"

- 마하트마 간디

간디의 이 말은 개인의 행동이 어떻게 세상을 바꿀 수 있는지

간결하지만 분명하게 보여준다. 간디는 자신의 삶으로 이 문구를 증명했다. 그는 비폭력 운동을 통해 독립이라는 거대한 변화를 이뤄냈고, 그 과정에서 자신의 신념과 행동을 하나로 일치시켰다. 만약 당신이 더 정의로운 사회, 더 친절한 세상, 더 창의적인 환경을 원한다면, 그 변화의 씨앗은 당신의 생각과 행동에서 시작된다. 스스로가 그러한 변화를 구현할 때, 당신의 고유한 능력과 에너지는 주변으로 퍼져나가 다른 사람들에게도 영향을 미치게 되는 것이다.

마찬가지로 도움이 될 만한 질문에 답을 해보며 내면의 목소리에 귀 기울여 보자. 주변의 소음이나 타인의 시선은 잠시 꺼두는 게 좋다. 혼자 숙고하는 시간이 길어질수록 내가 원하는 미래의 모습이 더욱 선명해지고 또렷해질 것이다.

1. 보고 싶은 변화 : 가치관에서 찾기

- 내가 가장 중요하게 여기는 가치는 무엇인가? (예: 정직, 창의성, 공감, 도전 등)
- 나는 어떤 방식으로 다른 사람들에게 긍정적인 영향을 주고 싶은가?
- 내가 중요하게 생각하는 가치를 삶에서 실현할 때 어떤 만족감을 느끼는가?
- 어떤 문제를 해결하거나, 어떤 주제를 세상에 알리고 싶

다고 느끼는가?

- 내가 지지하고 싶은 사회적, 문화적, 환경적 이슈는 무엇인가?

2. 보고 싶은 변화 : 미래 가능성에서 찾기

- 나는 앞으로 어떤 분야에서 성장하고 싶고, 배우고 싶은가?
- 내가 미래에 가장 이루고 싶은 꿈이나 목표는 무엇인가?
- 내가 가진 재능을 활용해 세상에 어떤 기여를 할 수 있을까?
- 내가 지금 가진 능력을 새로운 환경에서 어떻게 적용할 수 있을까?
- 나의 능력을 확장시키기 위해 도전해 보고 싶은 일은 무엇인가?

3. 보고 싶은 변화 : 사람들과의 관계에서 찾기

- 내가 다른 사람들에게 어떤 긍정적인 영향을 미친 적이 있는가?
- 내가 어떤 팀이나 그룹에서 특별히 기여할 수 있는 부분은 무엇인가?
- 다른 사람들이 나를 찾는 이유는 무엇인가?

- 나는 어떤 방식으로 다른 사람을 돕거나 지원할 때 가장
  보람을 느끼는가?

당신의 삶에서 보고 싶은 변화는 무엇인가? 당신이 그 변화 자체가 될 때, 당신은 세상에 가장 크고 귀한 선물을 남기는 것이다. 세상에 줄 수 있는 가장 귀한 선물은 바로 당신 자신이라는 사실을 기억하며, 다음 챕터부터 나눔과 성장을 통해 변화의 에너지를 확산시키는 방법을 함께 알아보자.

당신의 고유 능력에
에너지를 쏟아라

모든 사람은 천재다. 하지만 물고기를 나무에 오르도록 하면, 물고기는 평생 자신이 멍청하다고 믿을 것이다. 우리는 각자 가진 고유한 재능과 능력을 발견하고, 그에 집중할 때 진정한 잠재력을 발휘할 수 있다. 그럼에도 우리는 종종 자신의 약점을 보완하거나, 타인의 강점을 흉내 내는 데 시간을 낭비한다. 하지만 진정한 성공은 자신의 고유 능력을 인식하고, 이를 갈고 닦으며 집중적으로 투자할 때 가능하다.

지난 챕터에서 자신만의 고유 능력을 발견했을 것이다. (아직 본인의 고유 능력에 대해 확신을 갖지 못했더라도 괜찮다. 발견한 그 지점부터 시작하라. 고유 능력에 집중하면 할수록 자신만의 영역이 더욱 선명해지고 차별화될 것이다.) 지금부터 당신의 고유 능력에 당신의 시간과 에너지를 전심전력으로 쏟아라. 귀한 원석이라도 잘 세공하지 않으면 보석이 될 수 없다. 마찬가지로 고유한 재능이 있더라도 갈고 닦지 않으면 빛을 발하지 못한다. 타고난 재능을 더욱 발전시켜 자신의 가치를 극대화하라. 다시 말하지만, 최선의 내가 되는 것이 이 세상에 줄 수 있는 가장 귀한 선물이다. 내가 성장할수록 이 세상에 나눌 수 있는 가치가 확장되고 풍성해진다.

다른 불필요한 것은 모두 버리고 최선의 내가 될 수 있는 영역을 전문화하자. 그 외의 것은 다른 사람에게 위임하거나 포기하라. 파레토의 법칙에 따르면 내가 하는 20%의 일이 무려 80%의 성과를 결정하고, 반대로 80%의 일은 고작 20%를 결정한다. 나의 고유영역에 에너지를 쏟는 것은 20%에 집중하여 80%의 성과를 내는 일이다. 나머지는 아무리 열심히 해도 20%의 성과에 그치는 80%의 불필요한 일일 뿐이다.

내 고유 능력이 발휘될 수 없는 80%에 매달리기 때문에 우리는 매우 바쁜데 비효율적인 삶을 살게 된다. 눈코 뜰 새 없이 바쁜 하루를 보내는데도 성과는 나지 않는다. 이런 일은 과감하게 위임해야 더 효과적으로, 그리고 더 행복하게 목표에 도달할 수 있다. 그런데 80%의 일에 해당하는 일을 위임하라고 이야기하면, 누군가는 이를 내가 하기 싫은 일을 다른 사람에게 떠넘기는 것이라고 오해한다. 하지만 내가 잘하지 못하고 좋아하지 않는 그 일이 누군가에게는 자신만의 고유 능력을 발휘할 수 있는 일이 될 수 있다. 모든 사람은 다 다른 고유 능력을 가지고 있기 때문이다. 당신이 해야 할 일은 나의 80%에 해당하는 일이 20%의 고유 능력에 해당하는 사람을 찾는 것이다.

전에 일하던 회사는 직원 수가 많지 않았다. 하지만 각자 자신의 고유 능력에 맞는 일을 했기 때문에 적은 인원으로도 매달 목표를 초과 달성하곤 했다. 그리고 무엇보다 일하는 것이 매우 즐거웠다. 대표님은 사업체의 비즈니스 모델을 파악하여 문제점과 개선 방안을 제시하고 대표님들이 스스로 성장하도록 동기 부여하는 것을 잘했다. 나는 교육 커리큘럼이나 관련 자료를 체계적으로 정리하는 것을 잘했다. 대표님의 컨설팅 핵심 내용을 바탕으로 전자책을 만들거나 강의 노트를 만드는 것이 나에게는 매우 즐거운 일이었다. 다른 한 친구는 수강생분들의 과제를 체크하거나 독려하고 소통하는 것을 '힐링'이라고 표현할 정도로 좋아했다. 나는 운영 업무를 그다지 좋아하지 않으나 이 친구에게는 그것이 최선의 내가 되는 핵심 업무였던 것이다. 우리에게 서로의 존재는 각자의 20% 영역에 집중할 수 있도록 돕는 협력자였다. 그렇기에 각자 자신의 분야에서 최고의 성과를 낼 수 있었다.

그렇다면 나의 고유 능력에 에너지를 쏟으려면 구체적으로 어떻게 해야 할까? 3단계를 실천하면 된다.

1단계, 우선 시간을 확보한다. 자투리 시간이나 다른 것 하고 남는 시간을 활용해서는 안 된다. 어떤 일보다 우선하는 뭉텅이 시간을 확보해야 한다. 이를 위해 매일 최소 3시간은 떼어 놓자. 이는 업무 외 개인 시간 중 추가로 3시간을 확보해야 한다는 뜻이 아니다. 업무 시간 가운데서도 당신의 고유 능력을 활용할 수 있는 시간을 따로 빼둘 수 있다. 이 시간은 나의 에너지 지수가 가장 높은 시간대를 활용하는 것이 좋다. 꼭 기억하자. 이렇게 확보한 시간은 그냥 흘러가는 시간과는 질적으로 다른 시간이다. 이 시간을 확보하느냐 그렇지 않으냐에 따라 당신의 미래가 완전히 달라질 것이다.

2단계, 도전적인 목표를 세운다. '할 만하겠는데' 수준의 목표는 안 된다. 조금만 노력해서 얻을 수 있는 목표보다는 '내가 할 수 있을까?'라는 생각이 들 정도로, 상식적으로 봤을 때는 약간 불가능해 보이는 수준까지 올라가야 한다. 조금만 더 노력하거나 조금만 더 시간을 투자하면 금방 달성할 수 있는 목표로는 나의 한계점에 도달할 수 없다. 스스로 한계라고 생각했던 지점을 뚫고 나갈 수 있을 정도로 더 높은 곳에 새로운 기준점을 세워야 한다. 만약 스스로 그런 기준점을 세우기가 어렵다면 당신만의 롤모델을 찾아 그 사람을 기준으로 삼는 것도 좋은 방법이다. 단계별로 당신의 기준점과 행동 모델도 계속 바뀔 것이다.

3단계, 현실과 목표 사이의 gap을 줄인다. 매일 조금씩이라도 목표를 향해 나아간다. gap을 줄여나가는 과정을 게임처럼 즐거운 과정으로 인식한다. 이전에 어려웠던 일들이 점점 숙달되어 가고 나만의 새로운 회로가 생긴다. 나도 몰랐던 나의 능력을 새로 발견하기도 한다. 해보지 않은 것을 시도하며 한 단계 성큼 성장한다. 그러나 어떤 순간에는 이 과정이 너무 느리고 답답해 보이기도 한다. 그럴 때마다 내가 처음과 얼마나 성장했는지, 얼마나 배웠는지, 얼마나 목표를 이뤘는지를 기록해보자. 생각보다 많은 부분에서 나아지고 있는 스스로를 발견할 수 있을 것이다. 이 과정을 반복하며 계속 나의 레벨을 올려 나가는 것이다.

이 방식으로 자신만의 고유 능력을 갈고닦으면, 자신이 속한 공동체와 사회에 더 많은 것을 기여할 수 있다. 이 과정에서 자신도 몰랐던 잠재력을 발견하고 키울 수 있으며, 협업과 신뢰를 통해 더 큰 성취를 이룰 수 있다. 나의 능력을 누군가에게 나눌 때, 우리 능력은 단순한 개인적 자산에서 집단적 에너지로 변환된다. 나의 고유 능력을 더욱 키워 세상에 내줄수록 그 에너지는 더욱 강해진다.

당신의 고유 능력에 당신의 시간과 에너지를 쏟아라. 당신도 당신만의 방식으로 세상에 긍정적인 영향을 끼칠 수 있다. 그 과정에서 당신은 더 큰 에너지와 연결될 것이다. 세상에 최선의 나를 드러내고 나누는 행위야말로 이 세상을 더 풍요롭고 아름답게 만드는 궁극의 법칙이다. 잊지 말자. 나를 빛내는 일이 곧 세상을 빛내는 일이다.

내 인생의 강력한
에너지 단어를 찾아라

    우리가 매일 내리는 수많은 선택과 행동은 무엇에 의해 결정될까? 사람마다 삶의 방향성을 결정짓는 기준이 있는데, 이를 '핵심 가치'라고 한다. 핵심 가치는 우리 삶의 중요한 기준이 되는 원칙이나 신념이다. 핵심 가치는 나를 나답게 만드는 기준이자, 나의 모든 선택과 행동을 이끄는 에너지의 근원이다. 만약 내 인생을 체로 거른다면 마지막에 남아 있는 단어는 무엇일까? 그것이 당신의 핵심 가치다. 예를 들어, 어떤 사람은 '창의성'을, 또 어떤 사람은 '정직'이나 '자유'를 자신의 핵심 가치로 삼는다.

    핵심 가치가 없다면 우리는 흔들리기 쉽다. 직장, 가정, 인간관계에서 끊임없이 선택의 갈림길에 서게 될 때, 핵심 가치는 나에게 '어떤 결정을 해야 하는지'를 알려준다. 마치 인생의 나침반처럼 내가 진짜 원하는 삶의 방향을 찾아가도록 도와준다. 핵심 가치는 "나는 어떤 사람인가?"와 "어떻게 살아가고 싶은가?"라는 질문에 답하는 열쇠와도 같다.

자신의 핵심 가치를 정의하지 못한 사람은 중요한 순간마다 흔들리기 쉽고, 외부 환경에 휘둘리는 경우가 많다. 이런 사람들은 안정된 직장에서 일하고 있더라도, 매일 아침 출근할 때마다 "내가 왜 이 일을 해야 하지?"라는 생각에 우울해진다. 사람들의 기대에 맞춰 살아왔지만, 스스로 원하는 삶이 무엇인지 고민해 본 적이 없다. 그래서 중요한 결정을 내릴 때마다 다른 사람의 의견에 휘둘리거나, 스스로 행복함이나 의미를 느끼지 못하는 선택을 하고 후회한다.

반대로 명확한 핵심 가치를 가지고 있는 사람은 타인이 아니라 스스로 중요하다고 여기는 걸 선택하는 용기가 있다. 만약 '성장'과 '자율성'을 나만의 핵심 가치로 정했다면, 직업을 결정할 때 단순히 돈을 많이 벌 수 있는 일이나 대기업이 선택의 기준이 되지 않는다. 이런 가치를 가진 사람이라면 끊임없이 배울 수 있는 환경과 누군가 시켜서 일을 하는 것이 아닌 스스로 의사결정이 가능한 직업을 택할 것이다. 이렇듯 핵심 가치의 차이는 삶의 방향성을 정하는 데서 큰 역할을 한다.

그렇다면 핵심 가치는 어떻게 찾을 수 있을까? 핵심 가치에 대해 한 번도 생각한 적이 없다면 아래 방법들이 도움이 될 것이다.

▼ 나만의 핵심 가치를 발견하는 5가지 가이드

1. 가치 단어 리스트를 활용하자.

다양한 가치 단어를 살펴보고 자신에게 중요한 것이 무엇인지 골라보자. 이 중에서 가장 와닿는 가치 단어를 10개 선택한 후, 그중 가장 중요한 5개로 좁혀보자.

ex) 배움, 성장, 자유, 사랑, 용기, 정직, 협력, 창의성, 신뢰, 책임감, 성취….

2. 존경하는 사람을 떠올리자.

- 내가 존경하는 사람을 떠올려 보고, 구체적으로 어떤 태도나 행동을 닮고 싶은지 적어보자.

ex) 이○○ 선생님 : 항상 따뜻하고 열정적인 모습으로 후학 양성에 진심을 다함 (열정, 진정성, 사랑)

3. 내 인생을 한마디로 표현한다면

- 내 삶에서 중요한 것을 한 문장으로 정리해본다.
- "나는 ○○○한 사람으로 기억되고 싶다." 이 문장을 완성해 보자.

ex) 나는 어려운 순간에 가장 먼저 생각나는 사람이 되고 싶다. (신뢰, 따뜻함)

4. 행복감을 준 경험에서 힌트 찾기

- 내가 가장 중요하게 여기는 가치가 어떤 것인지 과거 경험에서 힌트를 찾아보자.
- 가장 행복했던 순간은 언제였는가? 내가 가장 만족감을 느꼈던 순간은? 그 이유는 무엇일까?

ex) 모두 불가능하다고 했던 팀 프로젝트에 성공했을 때 (협력, 성취)

5. 하고 싶지 않은 일에서 힌트 찾기

- 나는 어떤 일을 하고 싶지 않은가? 그 이유는 무엇인가?
- 하기 싫은 일과 꺼려지는 일을 적어보고 그와 반대되는 단어를 생각해보자.

ex) 내 의견과 상관없이 누가 시키는 일만 해야 하는 것 ↔ (자율성)

이렇게 나만의 핵심 가치를 생각해보는 것만으로도 인생의 기준이 보다 명확해질 것이다. 하지만 단순히 핵심 가치를 정하는 것으로 끝난다면 그것은 단지 추상적인 이상에 머물 뿐이다. 진정으로 내 삶에 핵심 가치를 반영하려면, 그것을 "어떻게 살아낼 것인가"에 대해 고민해야 한다. 핵심 가치를 상황별로 구체적으로 정의하고, 행동으로 실천할 때 비로소 그 가치는 나의 삶을 움직이는 원동력이 된다.

나의 핵심 가치 중 하나인 '배움'을 예로 들어보자. '배움'이라는 핵심 가치는 다음과 같은 상황별 지침을 통해 내 삶의 행동 기준이 된다.

- **업무를 할 때** : 맡은 업무를 더 잘하기 위해 필요한 지식을 적극적으로 찾아 배운다. 단순히 회사에서 요구하는 역할을 수행하는 데 그치지 않고 스스로의 성장을 위해 매달 시간을 투자한다.
- **새로운 프로젝트를 맡게 되었을 때** : 익숙하지 않은 업무라도 성장의 기회로 삼고, 필요한 기술을 배우거나 전문가의 조언을 구한다.
- **예상치 못한 문제가 발생했을 때** : 문제를 피하지 않고, 이를 해결하는 과정에서 무엇을 배울 수 있을지 스스로 질문한다.
- **여가 시간을 보낼 때** : 흥미 있는 주제의 강의를 듣거나 새로운 것을 배우며 스스로를 확장한다.
- **갈등 상황에서** : 다른 사람의 관점을 배우는 기회로 삼고, 소통 방식을 개선한다.

이처럼 핵심 가치를 상황별 구체적인 행동으로 정의하면, 내 삶의 가치관에 맞는 선택을 내릴 수 있고, 매 순간 내가 살고 싶은 모습대로 살 수 있다. 만약 내가 정의하지 않은 상황과 맞닥뜨린다면, 스스로에게 이 질문을 던져보면 된다. "이 선택이 내 핵심 가치를 지키는 방향인가?"라고 말이다. 나는 '배움'이 나의 핵심 가치 중 하나이기 때문에 프로젝트를 할 때도 일부러 나의 역량보다 조금 더 높은 도전적인 프로젝트를 맡곤 했다. 다른 사람은 꺼리는 복잡한 프로젝트일지라도 나에게는 그것이 내 핵심 가치에 부합하는 좋은 선택이었다.

핵심 가치는 우리의 행동과 결정에 일관성을 부여하고, 삶에 더 큰 만족과 의미를 가져다주는 도구다. 유명한 작가 스티븐 코비는 이렇게 말했다.

"중요한 것을 먼저 하라. 그렇지 않으면 중요하지 않은 것들이 당신의 삶을 지배할 것이다."

핵심 가치는 바로 당신 삶에서 중요한 것을 정의하고, 그것을 행동으로 실천하게 만드는 힘이다. 만약 지금 여러 선택지 가운데 고민만 하고 있다면, 스스로의 삶을 어떻게 설계해나가야 할지 방향을 잡지 못하겠다면, 지금이야말로 당신의 인생을 움직이는 강력한 에너지 단어를 찾아야 할 때다. 이 에너지 단어가 당신을 올바른 방향으로 나아갈 수 있도록 이끌어줄 것이다.

LOW ▲ HIGH

행복해지고 싶다면
작은 친절을 선물하라

'사소한 친절'은 없다

어느 날 해변에서 한 소년이 밀려온 불가사리를 바다로 던지고 있었다. 한 남자가 그 모습을 보고 다가와 말했다.

"네가 몇 마리를 돌려보내든 이 수많은 불가사리에게는 별 차이가 없을 거야."

소년은 잠시 생각하더니 다시 한 마리를 집어 바다로 던지며 대답했다.

"이 불가사리에게는 큰 차이예요."

이 짧은 이야기는 작은 행동이 누군가에게 얼마나 큰 변화를 줄 수 있는지를 보여준다. 우리는 종종 "이게 무슨 소용이 있을까?"라며 사소한 친절을 망설인다. 하지만 작은 친절도 타인의 삶에 깊은 흔적을 남길 수 있다.

미국의 작가이자 동기부여 강사인 레스 브라운은 어린 시절 학습 장애로 인해 학교에서 낙오자로 여겨졌다. 선생님들조차 학업 성적이 좋지 않은 그에게 큰 기대를 걸지 않았다. 많은 선생님들이 그를 포기했지만, 한 교사만을 달랐다. 어느 날 선생님이 레스에게 발표하도록 요청했을 때, 레스는 "저는 그럴 수 없어요. 저는 바보예요."라고 대답했다. 이에 선생님은 이렇게 말하며 그를 격려했다. "너는 바보가 아니야. 너는 무언가를 '배울 수 없는 사람'이 아니라, 단지 아직 배우지 않았을 뿐이야." 이 작은 격려와 믿음은 레스에게 깊은 영향을 미쳤다. 그는 스스로를 믿기 시작했고, 이후 수백만 명의 삶을 변화시키는 유명 작가이자 강연자가 되었다.

이처럼, 작아 보이는 친절한 행동 하나가 상대방에게는 커다란 변화를 가져올 수 있다. 이를테면 작은 미소, 카페 직원이 고객 이름을 기억하고 불러주는 것, 감사 인사를 진심 어린 태도로 표현하는 것. 기회가 있을 때마다 문을 열어주는 작은 행동, 팀원이 도움을 요청하기 전에 필요한 자료를 미리 준비해 주는 것, 평소보다 조금 더 따뜻한 말을 건네는 것이다. 이런 행동 중 어느 것도 세상을 떠들썩하게 만드는 대단한 일은 아니지만, 그것들이 점점 쌓이면 기분을 바꾸고 누군가의 삶을 바꾼다.

친절을 베푸는 것은 가장 빨리 행복해지는 비결이다

우리는 흔히 더 나은 삶을 위해 끊임없이 노력하고, 자신의 목표를 위해 시간을 투자하며 살아간다. 대부분의 사람들이 궁극적으로 추구하는 것은 하나이다. 바로 '행복해지기 위해서'다. 하지만 대단한 걸 이루지 않아도 지금 당장 행복해지는 방법이 있다. 바로 자신의 이익을 초월해 다른 사람을 행복하게 만드는 것이다.

연구에 따르면, 누군가를 돕거나 선행을 베풀 때 뇌에서 도파민과 옥시토신이 분비된다. 도파민은 기쁨과 보상을 느끼게 하고, 옥시토신은 관계의 유대감을 강화한다. 이 두 가지는 행복감과 안정감을 동시에 느끼게 만들어, 결과적으로 선행을 한 사람의 삶의 만족도를 높인다. 하버드 대학교의 한 연구는 참가자들에게 금액이 적힌 봉투를 나누어주고, 이를 자신을 위해 사용할지 혹은 타인을 위해 사용할지 선택하도록 했다. 연구 결과, 타인을 위해 봉투를 사용한 사람들은 자신의 행복도가 눈에 띄게 상승한 반면, 자신을 위해 사용한 사람들은 큰 변화를 느끼지 못했다. 결국, 당신이 누군가에게 도움을 줄 때, 그 도움은 궁극적으로 당신 자신에게 돌아오는 것이다.

또한, 다른 사람을 행복하게 하는 과정에서 우리는 자신이 필요한 존재라는 느낌을 받게 된다. 이는 자존감을 향상시키며 삶의 의미를 찾는 데 기여한다. 실제로 자원봉사를 지속적으로 하는 사람들이 그렇지 않은 사람들보다 높은 자존감을 보였으며, 이는 삶의 만족도를 크게 높이는 요인이었다.[*]

일상에서 타인을 행복하게 하는 것은 생각보다 간단하다. 따뜻한 미소 한 번, 고맙다는 말 한마디, 짧은 격려와 같은 작은 행동들이 쌓여 상대방의 하루를 밝히고, 그 밝음은 다시 우리 자신에게 돌아온다. 결국, 다른 사람을 행복하게 하는 것이야말로 내가 진정으로 행복해질 수 있는 가장 빠르고 강력한 방법이다.

작은 친절이라도 전염된다

미국 플로리다주 세인트피터즈버그의 한 스타벅스 드라이브 스루 매장에서 한 여성이 아이스커피를 주문했다. 이때 스타벅스의 바리스타는 그녀에게 뜻밖의 요청을 했다. 바로, 뒷사람이 주문한 캐러멜 마키아토 커피값을 대신 지불해 줄 수 있겠냐는 것이었다. 그녀는 흔쾌히 그 요청을 수락했다. 이후 바리스타는 매장을 방문하는 고객들에게 "앞사람이 커피값을 대신 내주셨는데, 뒷사람을 위해 커피값을 내주실 수 있을까요?"라고 물었다. 그렇게 시작된 호의의 릴레이는 11시간 동안 이어졌고, 총 378명의 고객이 연속으로 다음 사람의 커피값을 대신 지불했다.

친절은 더 많은 친절을 낳는다. 우리는 친절을 베풂으로써 남

---

[*] Thoits, P. A., & Hewitt, L. N. 〈Volunteer Work and Well-Being〉, 《Journal of Health and Social Behavior》, American Sociological Association, 2001. pp. 115-131.

들이 친절한 행동을 하도록 영감을 준다. 그 파장 효과는 우리가 인식할 수 없는 수준으로 퍼져나간다. 우리가 친절을 베풀든, 친절을 받든, 그냥 친절을 목격하든 결과는 같다. 친절은 언제나 더 많은 친절로 가는 촉매제의 역할을 한다. 작은 친절은 단순히 개인의 선행으로 끝나는 것이 아니라, 나비효과처럼 큰 변화를 만들어낸다. 이는 우리의 삶을 풍요롭게 하고, 사회 전체를 따뜻하게 만든다. 작은 친절이 만들어내는 긍정적인 에너지 파동은 그 여파가 멀리까지 퍼지며, 결국 자신을 포함한 모든 이들을 행복하게 한다.

우리는 항상 친절을 선택할 수 있다

우리는 어떤 상황에서도 항상 친절을 선택할 수 있다. 우리는 자신의 인식과 반응에 모두 통제력이 있어서 비난 대신 사랑을 선택할 능력이 있다. 물론 그러기 위해 연습이 필요하지만, 우리는 그런 연습을 해내는 능력도 갖추고 있다. 벤저민 프랭클린은 아침이면 '오늘은 어떤 좋을 일을 할까?', 밤이면 '오늘은 어떤 좋은 일을 했지?'라고 자신에게 물었다고 한다. 우리는 친절을 베풀 때 최고의 자아로 삶을 살아가게 된다. 또한, 친절한 행위는 세상이 우리가 바라는 대로 변화하도록 돕는다.

새뮤얼 존슨은 "인간의 진정한 가치는 그가 자신에게 아무런 도움도 되지 않을 사람을 어떻게 대하는가에서 드러난다."라고 했다. 친절은 우리가 부정보다는 긍정을 지향하도록 이끌고, 우리가 만나는 사람들에게서 최고의 면을 찾도록 하며, 너그러움을 실천하고, 남들이 괴로워할 때 위로하고 포용하도록 한다.

우리는 생각하는 대로 스스로를 만들어간다. 사람은 자신의 관심사로 내면을 채우고, 결국 그것에 어울리는 사람이 된다. 만약 삶의 부정적인 면이나 타인의 실수에 초점을 맞추고 시간을 보낸다면, 점점 그런 부분을 찾아내는 데 능숙해질 것이다. 하지만 끊임없이 트집을 잡는 사람에게 과연 진정한 행복이 있을까? 그 대신 우리의 에너지를 긍정적이고 옳은 것들을 찾는 데 사용하고, 만나는 사람들의 특별한 장점에 주목한다면 어떨까? 그러한 태도는 우리의 삶을 더욱 풍요롭게 만들 것이다.

LOW   HIGH

기꺼이 도움을
요청하라

혼자 하려는 사람은 제한된 성과만 얻는다

리처드 브랜슨은 '버진 그룹'이라는 세계적 기업을 세운 억만장자이자 혁신가로 잘 알려져 있다. 그러나 그의 성공 스토리는 결코 혼자 힘으로 이루어진 것이 아니었다. 특히 그의 경영 철학에서 눈에 띄는 것은 "기꺼이 도움을 요청하라"라는 태도였다. 그는 수많은 도전을 극복하며 자신의 비전을 실현했지만, 그 과정에서 적절한 순간에 다른 사람들에게 도움을 요청하는 용기를 잃지 않았다.

1970년대 초, 리처드 브랜슨은 젊고 열정적인 기업가로서 자신의 작은 레코드 가게를 운영하고 있었다. 그는 젊은 음악가들에게 기회를 제공하고 싶다는 꿈을 품고 있었지만, 유명 음악가의 참여 없이는 신생 음반사가 주목받기 어려운 상황이었다. 그는 대담한 결정을 내렸다. 비틀즈의 멤버이자 세계적으로 존경받는 아티스트인 존 레논에게 직접 도움을 요청하기로 한 것이다.

브랜슨은 존 레논에게 편지를 보냈고, 그의 경영 철학과 음반사의 비전을 상세히 설명했다. 그리고 우연한 기회를 통해 레논을 직접 만나 이야기를 나눌 기회를 얻었다. 당시 브랜슨은 긴장했지만, 자신의 진심과 열정을 담아 레논에게 부탁했다.

"우리는 새롭고 신선한 음반사를 운영하고 있습니다. 당신과 같은 예술가가 함께해 준다면 음악 산업을 바꿀 수 있을 겁니다."

레논은 브랜슨의 솔직함과 열정에 깊은 인상을 받았고, 그의 음반사에 힘을 보태기로 했다. 그는 음악적 조언뿐만 아니라, 브랜슨의 음반사가 독창적인 목소리를 내도록 격려했다. 존 레논의 조언과 지지는 브랜슨이 음악 산업에서 더욱 단단한 기반을 구축하는 데 크게 기여했다. 그의 영향력은 브랜슨의 음반사가 새로운 음악가들과 협업할 수 있는 문을 열었고, 이후 이 음반사는 혁신적이고 독립적인 음악의 상징이 되었다.

브랜슨은 자신의 약점을 인정하고, 더 나은 해결책을 찾기 위해 문을 두드렸다. 도움을 요청하는 것은 리더로서의 용기와 자신감을 드러내는 행동이었다. 도움을 요청한다는 것은 누군가를 믿고, 자신의 열정을 나누는 행동이다. 리처드 브랜슨은 이를 통해 자신의 비전을 현실로 만들어가는 데 성공했다. 이후 브랜슨은 음악, 항공, 우주사업 등 다양한 분야에서 성공을 이룰 때도 '기꺼이 도

움을 요청'함으로써 세계적으로 존경받는 기업가가 되었다. 브랜슨
은 자신의 경험을 바탕으로 이렇게 말했다.

> "나는 항상 다른 사람의 도움과 조언을 받는 것을 두려워하
> 지 않았다. 혼자서 모든 것을 해결하려는 사람은 제한된 성과
> 만 얻는다. 뛰어난 팀과 협력하면 훨씬 더 많은 것을 이룰 수
> 있다. 누구에게나 멘토가 필요하다. 혼자 모든 걸 할 수 없고,
> 다른 사람의 지혜와 경험을 통해 배우는 것이야말로 가장 빠
> 른 길이다."
>
> - 리처드 브랜슨

도움을 요청하는 순간, Win-Win이다

많은 사람들은 도움을 요청하는 것을 두려워하거나 미안해하
지만, 실제로는 도움을 주고받는 과정에서 양쪽 모두에게 놀라
운 변화와 성장이 일어난다. 이것은 인간관계 속에서 강력한 에
너지를 만들어내는 중요한 법칙이다.

도움을 요청하는 것은 자신의 한계를 인정하는 용기다. 완벽
한 사람은 없다. 누구나 어려움에 부딪히고, 도움 없이는 해결할
수 없는 순간을 경험한다. 이때 도움을 요청하는 것은 자신의 부
족함을 인정하는 동시에, 그것을 극복하려는 의지를 보여주는
행위다. 혼자서 끙끙대는 대신 도움을 요청하면, 더 빠르게 문제

를 해결할 수 있을 뿐만 아니라, 새로운 관점과 지식을 얻는 기회가 된다. 결국, 도움을 요청하는 순간, 우리는 단순히 문제 해결에 그치지 않고, 스스로를 성장시키는 길에 서게 된다.

흥미롭게도, 도움을 주는 사람 역시 이 과정에서 많은 것을 얻는다. 누군가의 도움을 필요로 한다는 것은 그 사람의 능력과 가치를 인정하는 행위다. 이를 통해 도움을 주는 사람은 자신의 역할과 능력을 확인하며 자존감과 만족감을 느낀다. "내가 누군가의 삶에 기여할 수 있다"라는 경험은, 도움을 주는 사람에게도 큰 동기부여와 행복을 가져다준다. 도움을 요청받는 사람은 자신의 지식이나 경험을 다시 체계적으로 정리하고, 타인의 입장에서 문제를 바라보는 연습을 하게 된다. 이것은 그들의 공감 능력과 리더십을 강화시키며, 더 나아가 인간관계를 더욱 단단하게 만든다.

도움을 요청하는 바람직한 자세

지금껏 많은 멘토 분들에게 도움을 요청하고 조언을 구해보면서 느낀 점은, 많은 분들이 '기꺼이 도와주고 싶어 한다'는 것이다. 게다가 누군가에게 조언을 구한다는 것은 상대의 지식과 통찰력을 인정하고 존경한다는 뜻을 전하는 것이다. 단 이때 도움을 요청하는 바람직한 자세를 갖추어야 한다.

도움을 요청하기 위해 가장 먼저 필요한 자세는 바로 진심 어린 태도다. 진정성을 담아 요청할 때, 상대방은 우리의 간절함을 느끼고 더 적극적으로 돕고 싶어진다. 만남을 요청하거나 조언을 구하는 연락을 할 때는 최대한 정성을 다해야 한다.

두 번째는 구체적으로 요청하는 것이다. "어떻게 해야 할지 모르겠어요."보다는 "이 문제를 해결하기 위해 어떤 방법을 써야 할지 조언해 주실 수 있을까요?"라고 질문하는 것이 더 효과적이다. 나는 멘토를 찾아갈 때, 우선 그분이 쓴 책은 모조리 읽고 정리해갔다. 그리고 이렇게 질문했다.

"저는 선생님께서 말씀해주신 내용 중 이런 부분이 특히 인상적이었습니다. 왜냐하면 저에게 이런 깨달음을 주었기 때문입니다. 지금 저는 이런 고민을 가지고 있습니다. 선생님이라면 이렇게 해결하시지 않으실까 생각해보았는데, 혹시 저에게 이와 관련하여 조언해주실 수 있으실까요?"

거의 모든 멘토분들이 이런 질문을 기뻐하며, 흔쾌히 자신의 노하우를 아낌없이 나눠주셨다.

마지막으로 감사를 표현해야 한다. 시간과 조언을 아끼지 않고 나눠주신 것에 대한 감사는 물론이고, 멘토분이 알려주신 대로 실행한 뒤 성과가 나거나 문제가 해결되었을 때도 그에 대한 공을 돌리며 감사를 표현하는 것이 좋다. 이렇게 감사를 표현하면 나보다 더 기뻐하며 축하해주시거나, 추가로 좋은 조언을 주시기도 했다.

내 인생에는 나의 성장을 도와주신 정말 많은 멘토분들이 있었다. 그 분들의 도움이 없었더라면 절대 지금의 나는 존재하지 않을 것이다. 그런 행동 모델들이 내 인생에 많았기에, 나는 다음 단계의 목표를 구체화할 수 있었고, 그분들의 인생을 보면서 내 5년 후, 10년 후의 모습을 시각화할 수 있었다. 누군가는 어떤 일을 할 때 무조건 1만 시간을 채우고 모든 시행착오를 경험해야 성장할 수 있다고 하지만, 나는 내 인생의 훌륭한 멘토들 덕분에 그 모든 시행착오를 할 필요가 없었고 성장의 임계점에 더 빨리 도달할 수 있었다.

나는 눈앞의 이익이나 문제에만 집중하고, 장기적인 비전은 놓치며 살았다. 가까운 것만 보던 '낮게 나는 새'였던 것이다. 그러나 나의 부족함을 깨닫고 더 훌륭한 분들에게 도움과 조언을 요청하면서 '높이 나는 새'가 될 수 있었다. 그 덕분에 그동안 보지 못했던 먼 곳을 볼 수 있게 되었다. 인생에서도 장기적인 목표와 큰 그림을 바라보는 능력을 키워갈 수 있었고, 내 한계를 넘어 높이 나는 도전을 해야 더 넓은 가능성과 기회를 발견할 수 있다는 걸 배웠다. 나는 성공에는 지름길이나 빠른 길은 없다고 생각한다. 하지만 거인의 어깨에 올라타 멀리 보는 길은 누구에게나 필요하다고 생각한다. 당신이 알고 있는 거인들에게 진심을 다해 도움을 요청해보길!

베풀기 위해 계속 성장하라

자신을 빛내고 싶다면, 다른 사람을 빛나게 하라

우리 모두는 자신이 가치 있는 사람이라고 느끼고 싶어 한다. 인정받고, 사랑받으며, 내가 누군가의 삶에 긍정적인 영향을 미치고 있다는 것을 깨달을 때 우리는 가장 빛난다. 역설적이게도 내 성공에만 집착하면 어느 순간 한계에 부딪힌다. 오히려 진짜 가치 있는 삶은 '내가 다른 사람들에게 어떤 영향을 미치고, 그들의 삶에 무엇을 남기느냐'에서 비롯된다.

나눔은 내가 가진 고유한 능력과 자원을 타인에게 제공함으로써, 세상에서 나만이 할 수 있는 역할을 찾게 한다. 이는 곧 나의 삶에 목적과 의미를 부여한다. 심리학자 빅터 프랭클은 "삶의 의미는 다른 사람을 위해 나 자신을 초월할 때 발견된다"라고 말했다. 나눔은 단순히 주는 행동을 넘어, 나 자신을 성찰하고 성장하도록 돕는다. "내가 가진 것은 무엇이고, 이것을 어떻게 나눌 수 있을까?"라는 질문은 나의 가치를 재정립하게 한다. 나눔은 다른 사람에게 '주는' 행동이 아니다. 실제로는 나 자신을 위한 최고의 투자다.

내가 배운 지식을 나누면, 그것이 다른 사람의 성장으로 이어지고, 그 사람이 다시 새로운 가치를 창출한다. 나눔은 내가 가진 것을 잃는 것이 아니라, 받은 것을 공유함으로써 더 큰 가치를 만들어내는 과정이다. 촛불은 다른 촛불에 불을 붙인다고 해서 그 불이 약해지지 않는다. 타인의 성장을 도울 때 그 빛은 더욱 확장된다. 서로가 서로의 빛을 키우며 연결될 때, 더 밝은 세상을 만들 수 있다.

인생은 혼자만의 무대가 아니다. 우리가 누군가의 삶을 밝히고, 그들이 더 나은 모습으로 성장하도록 돕는 순간, 우리는 자연스럽게 스스로의 가치를 확인하게 된다. 타인의 성공과 행복을 지원하는 사람은 자신도 함께 성장하고 빛나게 된다. 예를 들어, 탁월한 리더는 자신의 팀원들이 빛날 수 있도록 돕는다. 좋은 리더는 스포트라이트를 독점하지 않는다. 팀원들에게 기회를 주고, 그들의 잠재력을 끌어올리는 데 집중한다. 결과적으로 그들의 성공은 리더의 성공으로 이어진다. 내가 만나는 사람들이 더 나은 삶을 살게 된다면, 그 빛은 나에게도 자연스럽게 닿는다.

다른 사람의 가치를 높이기 위해 계속 성장하자. 남을 돕기 위해서는 나부터 더 나아져야 한다. 내가 가진 지식, 능력, 따뜻함이 클수록 더 많은 사람을 도울 수 있다. 단순히 "남을 도와야 한다"라는 책임감이 아니라, 베풀기 위해 성장하는 과정은 나 자신에게도 큰 의미를 준다. 이 과정에서 우리는 스스로를 더 소중하게 느끼게 된다.

내가 하는 일에서 최선을 다하는 것도 나눔이다

많은 사람들이 '베풂'이라고 하면, 거창한 봉사활동이나 큰 기부를 떠올린다. 하지만 진정한 나눔은 꼭 특별한 활동이나 대단한 일이 아니어도 된다. 내가 매일 하는 일에서 최선을 다하고, 나의 자리에서 최상의 성과를 내는 것도 결국 베풂의 한 형태다. 내가 하는 일이 타인과 세상에 긍정적인 영향을 미칠 수 있기 때문이다.

한 바리스타가 있다고 생각해 보자. 그는 단순히 커피를 내리는 데 그치지 않는다. 매일 손님에게 따뜻한 미소를 건네고, 커피 한 잔으로 그들의 하루를 밝게 만든다. 누군가에게는 그의 따뜻한 태도가 하루를 시작하는 원동력이 되고, 그의 손끝에서 나온 정성스러운 커피가 삶의 작은 위로가 된다. 그는 자신의 자리에서 최선을 다하는 것으로 이미 타인을 돕고 있는 것이다.

의사는 자신의 진료에 최선을 다할 때 환자의 생명을 살리고,

건강을 지킨다. 교사는 학생들에게 최상의 교육을 제공하며 그들의 미래를 바꾼다. 택시 기사가 친절하고 안전하게 운전한다면, 승객은 편안하고 행복한 하루를 시작할 수 있다. 글을 쓰는 작가가 정성을 다해 쓴 문장은 독자에게 영감과 위로를 준다. 가정주부는 가족을 위해 정성껏 끼니를 준비하며 사랑과 돌봄을 나눈다. 각각의 역할과 직업에서 최선을 다하는 행동은 타인에게 혜택과 기쁨을 전달하며, 결과적으로 사회 전체를 더 따뜻하고 나은 곳으로 만든다.

내가 오늘 하루를 살아가는 동안 최선을 다하는 행동은 그 자체로 타인에게 선물이 된다는 것을 잊지 말자. 내가 업무에서 탁월한 결과를 내면, 동료와 조직에 기여하는 동시에 더 나은 서비스를 제공하게 된다. 또한, 내가 좋은 태도와 열정을 보이면, 주변 사람들에게 긍정적인 에너지를 전파할 수 있다. 내 자리에서 내가 할 수 있는 일을 제대로 해낸다면, 그것이 곧 나눔의 시작이다. 내가 고객에게 더 좋은 제품을 제공하려는 노력, 내가 동료를 돕기 위해 조금 더 애쓰는 일, 내가 맡은 일에 자부심을 가지고 매 순간 집중하는 것. 이 모든 것이 결국 누군가에게는 큰 도움이 되고, 세상을 조금 더 나은 곳으로 만든다. 최선을 다하는 나의 하루가, 타인의 삶에 빛이 될 수 있다. 그것이 바로 우리가 일상 속에서 할 수 있는 가장 간단하고도 강력한 나눔이다.

당신이 만나는 모든 사람에게 흔적을 남겨라

만나는 모든 사람에게 흔적을 남기는 사람이 되자. 그 흔적은 그들이 더 나은 방향으로 성장하도록 돕는 흔적이어야 한다. 그들의 삶에 기여하는 행동은 결국 나 자신을 빛나게 만든다. "내가 한 행동이 누군가의 삶에 어떤 긍정적인 영향을 미쳤을까?"를 생각하며 행동하라. 그것이 나를 더욱 가치 있는 사람으로 만들어 준다.

지식을 나누기 위해 배우자. 내가 아는 것들이 누군가의 삶을 변화시킬 수 있다면, 배움은 나를 위해서뿐만 아니라 남을 위한 일이 된다. 긍정적인 영향을 끼치기 위해 더 나아지자. 우리의 태도, 언어, 행동은 주변 사람들에게 큰 영향을 미친다. 내가 더 성숙하고 따뜻한 사람이 될수록 그 영향력은 커진다. 자신감을 주기 위해 용기를 가지자. 내 용기가 타인에게도 자신감을 불어넣을 수 있다. 내가 도전하는 모습을 보여주는 것만으로도 많은 사람들에게 영감을 줄 수 있다.

물이 흐르지 않으면 썩기 마련이다. 배우기만 하고 나누지 않으면 내 안에서 썩는다. 많은 사람들이 내가 가진 것을 내어주면 결핍과 부족함을 느낄 거라 착각한다. 하지만 오히려 늘 나눠줄 것이 생기고 풍요롭게 된다. 지그 지글러는 "다른 사람들이 원하는 것을 얻도록 충분히 도우면 우리도 원하는 것을 무엇이든 얻을 수 있다."라고 말했다. 자신을 가치 있게 여기고 싶다면, 다른 사람의 삶에 투자하라. 그들을 빛나게 만들기 위해 나 자신을 갈고닦고, 내가 가진 것을 아낌없이 나눌 때, 우리는 스스로를 빛나는 존재로 느낄 것이다.

당신만의 에너지 프로젝트를 시작하라

시간은 누구에게나 공평하게 주어진다. 하지만 같은 시간을 써도 어떤 사람은 더 많은 것을 이뤄내고, 더 깊이 성장한다. 그 차이는 바로 '에너지'에서 온다. '시간을 어떻게 쓸 것인가'보다 중요한 것은, '자신의 에너지를 어떻게 관리하고 투자할 것인가' 다. 더 열심히 하는 대신 더 본질적으로 나답게 살 수 있는 기회가 바로 여기에 있다.

이것이 바로 우리가 에너지 프로젝트를 시작해야 하는 이유 다. 이는 단순한 자기관리를 넘어, 당신이 가진 잠재력을 끌어올 리고 진정한 자아를 찾아가는 여정이다.

코미디언 김영철의 이야기는 에너지 프로젝트의 핵심을 명확 하게 보여준다. 그는 이렇게 말한다.

"행복의 비밀은 불편한 걸 잘 해야 해요. 불편한 걸 감수하고 해내야 해요. 아침 일찍 일어나는 거, 전화 영어 하는 거, 이런 거 안 해도 되잖아요. 그런데 이런 것들을 해내는 시스템이 구축되면 그 다음 건 자동으로 탁탁 다 따라와요."

김영철은 '영어를 잘하는 웃기는 코미디언'이라는 명확한 목표를 세웠다. 그리고 그 목표를 위해 남들은 피하는 불편함을 오히려 자신의 에너지 투자처로 삼았다. 매일 아침 영어 공부를 하고, 새로운 기회를 찾아 도전하는 것. 이것이 그의 에너지 프로젝트며, 이런 일관된 투자가 그의 꿈을 현실로 만들어가고 있다.

당신의 에너지 프로젝트는 자기 이해에서 시작된다. 우리는 각자 다른 리듬과 에너지 사이클을 가지고 있다. 언제 가장 에너지가 넘치는지, 어떤 활동이 당신의 에너지를 고갈시키고 충전시키는지 파악하는 것이 첫걸음이다. 그리고 스스로에게 물어보라. 어떤 삶을 살고 싶은가? 무엇이 되고 싶은가? 이 답이 바로 당신의 에너지 프로젝트가 향할 방향이다.

이제 선택의 순간이다. 매일 당신의 에너지를 올바른 곳에 투자하자. SNS에 허비하던 에너지를 줄이고, 대신 당신의 꿈을 향해 한 걸음 내딛는 데 쓰는 것이다. 운동, 독서, 학습 등 나를 성장시키는 활동들을 일상에 자연스럽게 녹여내자. 처음에는 낯설고 불편할 수 있다. 하지만 김영철의 말처럼, 이런 불편한 선택들이 모여 하나의 시스템이 되면, 그때부터는 모든 것이 자연스러워진다.

당신의 에너지 프로젝트는 오직 당신만의 것이다. 완벽할 필요도, 남과 같을 필요도 없다. 때로는 계획대로 되지 않을 수도 있다. 중요한 것은 당신만의 고유한 방식을 찾아 그것을 꾸준히 발전시켜 나가는 것이다.

이 여정의 끝에서 당신은 새로운 자신을 만나게 될 것이다. 바로 오늘, 당신만의 에너지 프로젝트를 시작하라. 첫 걸음을 떼는 순간, 당신은 이미 변화의 주인공이다.

북큐레이션 • 마인드셋 전환으로 당신의 삶을 혁명적으로 바꿔줄 라온북의 책

《시간 말고 에너지를 관리하라》와 함께 읽으면 좋은 책. 사고의 패러다임을 혁신해 남보다 한 발 앞서 미래를 준비하는 사람이 주인공이 됩니다.

직장인이
직업인으로
살아가는 방법

인생 리셋

김형중 지음 | 19,500원

호모 헌드레드 시대, 당신의 인생 2막을 준비하라
창직의 시대, 나의 가치 밸류 업 노하우!

이제 대한민국은 저성장 시대로 접어들었다. 저성장이 가져다주는 신호는 우리에게 분명하다. 직장인으로서 나의 여건을 냉철하게 재점검하고, 내 인생의 포트폴리오를 만들어가야 한다. 퇴직 이후의 시간은 너무나도 길다. 현재 나의 직장생활만을 안위하면서 살아가는 것은 너무나도 안타까운 일이다. 우리의 삶을 건강하고, 가치 있고, 지속가능하게 가져가야 할 것이다. 이를 위해 이 책 《인생 리셋》이 당신의 삶에 시금석이 되어 줄 것이다. 은퇴라는 강줄기의 끝에는 새로운 미래가 자리잡고 있다. 《인생 리셋》을 통해 당신의 더 큰 미래를 열어보자!

퇴직 전
30억 만들기
프로젝트

직장인 불로소득

홍주하 지음 | 19,800원

《직장인 불로소득》으로 퇴직 전 30억 만들기,
투기가 아닌, 투자를 하면 얼마든지 가능하다

이 책 《직장인 불로소득》은 부동산, 미국 주식 ETF 등 다양한 재테크 방법을 안내하고 있다. 그리고 이렇게 투자한 시간으로 얻은 불로소득은 직장에서 온종일 일하며 번 월급보다 더 많은 소득을 벌어줄 것이다. 직장에서 받는 월급은 내가 노력하는 만큼 보상을 해주지 않는다. 하지만 불로소득은 다행히 내가 노력한 만큼 소득을 가져다 줄 것이다. 또한, 시간이 갈수록 복리 그래프를 그리며 당신의 자산을 두둑이 불려줄 것이다.

명심하라. 퇴직 전 30억 만들기를 할 수 있느냐, 아니냐는 당신의 선택에 달려 있다. 시작도 하기 전에 스스로 한계를 긋지 말기 바란다. 이 책 《직장인 불로소득》은 독자들을 통해 여유롭고 풍요로운 노후로 이끌어 줄 것이다.

초필사력

이광호 지음 | 19,500원

읽고 적고 생각하고 실천하라!
필사의 기적이 당신의 삶에 또다른 문을 열어줄 것이다!

필사는 행동력을 높여준다. 필사 노트에는 책 내용뿐만 아니라 생각, 감정, 지식, 계획…, 머릿속에 일어나는 중요한 아이디어를 모두 담을 수 있다. 자극받았을 때 바로 행동할 수 있도록 노트에 실행 계획을 바로 세울 수도 있다. 필사할수록 기록이 생활화된다. 기록은 기획, 실행, 성과, 수정에 이르기까지 모든 행동을 눈으로 확인할 수 있게 해준다. 나를 측정하고 개선을 돕는다. 그래서 필사는 기록하는 습관을 통해 실천력을 키워준다. 누구나 행동하면 자기 이름으로 살아갈 수 있는 시대다. 당신이 어디에서 무엇을 하든 어제는 운명이고, 내일은 선택이며, 오늘은 기회라는 것을 기억했으면 좋겠다. 기회가 왔다. 자, 이제 필사의 세계로 함께 떠나보자.

연봉을 2배로 만드는 기적의 노하우

파워 루틴핏

정세연 지음 | 19,500원

파워루틴이 당신의 삶에
변화와 행복의 실행력을 불어넣을 것이다!

파워 루틴은 일상 속의 공식이자 실제적인 액션플랜이다. 루틴으로 탄탄해진 일상은 실력이 되고 성과로 나타난다. 남들과는 다른 탁월함이 되어준다. 일을 할 때도, 돈을 모을 때도, 건강을 챙길 때도 루틴 공식은 필요하다.
이 책은 공기업에서 17년 차 여자 차장으로 쌓아온 정세연 저자의 내공과 지혜, 경험을 온전히 녹여냈다. 행복해지고 싶고, 이제는 좀 달라지고 싶지만, 어디서부터 어떻게 시작해야 할지 모르겠다면, 파워 루틴핏으로 오늘이라는 계단을 올라보길 바란다. 한 번에 한 계단씩 천천히 행복하게 오를 수 있도록 파워 루틴 코치인 저자가 도와줄 것이다. 일상 속 사소하지만 중요한 고민들의 해답을 얻길 바라며, 이제 함께 파워 루틴핏을 시작해보자.

핵개인 시대를 주도하는 당신의 하이퍼 퍼스낼리티 강화 전략